AF544039

gutes leben
bene!

DR. UTA KRONSHAGE

VOM GOTT DER ANGST ZUM GOTT DER LIEBE

Wie uns ein positives Gottesbild stärkt

INHALTSVERZEICHNIS

Vorbemerkung

Beim Schreiben dieses Buches habe ich mich gefragt, wie ich mit der Frage von geschlechtergerechter Formulierung umgehen soll. Ich finde die Diskussion, die im Moment stattfindet, spannend und bin neugierig, welche Veränderungen unsere Sprache an diesem Punkt erfahren wird. Ich habe mich entschlossen, auf das Gendersternchen zu verzichten und möglichst geschlechterneutral zu formulieren, was aber natürlich nicht immer möglich ist. Da ich sehr viel mehr Patientinnen als Patienten habe, habe ich in diesem Fall grundsätzlich die weibliche Form gewählt. Alle anderen Menschen sind dabei jeweils mitgemeint.

EINLEITUNG

Wieso schreibt eine Psychotherapeutin über Gott?

Wenn mir jemand vor zehn Jahren gesagt hätte, ich würde einmal ein Buch über Gott schreiben, wäre ich sehr erstaunt gewesen. Und das, obwohl ich mich schon seit Jahrzehnten mit den Fragen beschäftige, wie es Menschen gelingt, ein gutes, erfülltes Leben zu leben, und: Welche psychologischen Mechanismen tragen dazu bei, dass Menschen krank werden? Was sind wichtige Voraussetzungen für Heilung? Was macht Leben lebenswert, und welche Faktoren verhindern, dass Menschen sich als glücklich und mit sich selbst im Reinen erleben? Das hat mich schon immer interessiert.

Bei meiner Tätigkeit als Psychotherapeutin wurde mir immer klarer, dass jeder Mensch Grundüberzeugungen über das Leben, über das Schicksal und über Gott hat und dass diese Grundüberzeugungen zentralen Einfluss haben auf körperliches und seelisches Wohlbefinden und Lebensqualität. Nicht jeder Mensch beschäftigt sich bewusst mit diesen Fragen und nicht jeder verwendet für sich den Begriff »Gott«. Ich habe aber auch noch keinen Menschen gefunden, der diesen Begriff nicht kennt und der nicht in irgendeiner Weise auf ihn reagiert.

So hat jeder Mensch eine Beziehung zu diesem Wort und zu dem, was es repräsentiert. Denn jeder muss für sich Antworten finden auf die ganz großen Fragen. Früher oder später. Natürlich können wir im Alltag diese Fragen verdrängen und uns damit beschäftigen, unser persönliches Leben zu bewältigen. Aber irgendwann kommt der Punkt, an dem wir nicht mehr weiterwissen. Ein Punkt, an dem wir konfrontiert sind mit Dingen, die sich unserer Kontrolle entziehen. Krankheit, Geburt, Tod oder große Liebe, Lebenskrisen. Und spätestens dann kommt Gott ins Spiel. Immer. Es ist nicht die Frage, *ob* Gott eine Rolle spielt oder nicht. Die Frage ist, *welche* Rolle er spielt. Vielleicht sagen wir statt Gott auch »das Leben«, »die Natur« oder »das Schicksal«. Oder wir verwenden gar keine Worte, sondern fühlen nur, dass da etwas Größeres ist, das über uns hinausweist. Egal, ob wir also den Begriff »Gott« verwenden oder nicht: Entscheidend ist, wie wir dieses Große, Allumfassende erleben. Fühle ich mich davon getragen? Ist mir diese Kraft eine Quelle von Unterstützung und Trost oder nicht? Darum geht es hier.

Wenn in der Therapie das Gespräch auf Gott kommt, sagen viele Patientinnen: »Ich glaube nicht an Gott. Weil er mir oder anderen Menschen nicht geholfen hat, als er gebraucht wurde.« Das bedeutet aber im Grunde: Ich glaube schon an Gott, ich gehe nur nicht davon aus, dass er hilfreich ist. Ich gehe davon aus, dass Gott gleichgültig ist, und darum wende ich mich von ihm ab.

Andere Menschen sagen, dass sie an Gott glauben, und wenn ich sie frage, wo und wie sie das konkret im Alltag hält und trägt, können sie das nicht beantworten. Manche Menschen glauben an Gott und haben die ganze Zeit Angst.

Angst, es nicht richtig hinzubekommen, Angst, auf die falsche Weise zu glauben, Angst, dass das Böse (der Teufel) Macht über sie erhalten könnte und sie dann verdammt sind. Wenn etwas in ihrem Leben schiefgeht, fühlen sie sich von Gott bestraft.

Es gibt Menschen, die sagen: »Über Gott habe ich mir noch nie Gedanken gemacht. Er spielt keine Rolle in meinem Leben, ich brauche Gott nicht.« Und manche merken dann, dass sie in einer Lebenskrise plötzlich anfangen zu beten, obwohl sie gar nicht wissen, zu wem eigentlich. Einigen ist das dann regelrecht peinlich: »Bin ich denn nicht stark genug, alleine klarzukommen? Wenn es schwierig wird, renne ich zu Gott, was bin ich nur für ein Weichei.«

Jeder dieser Menschen hat eine Beziehung zu Gott. In vielen Fällen ist diese Beziehung aber nicht gut. Nicht so, wie sie aus meiner Sicht sein kann und sollte, wenn sie hilfreich und nährend wäre.

Ich habe immer wieder die Erfahrung gemacht, dass Menschen, die mit ihrem Leben wirklich zufrieden sind, die zum Teil schwerste Krisen und Schwierigkeiten bewältigt haben und dennoch freundlich, humorvoll, voller Liebe und Lebendigkeit geblieben sind, eine Beziehung zu einem stets anwesenden, zugewandten und bedingungslos liebenden Gott pflegen. Und ich bin der Meinung, dass jeder Mensch eine solche Beziehung zu Gott braucht und dass jeder sie haben kann. Auch wenn Sie also zu den Menschen gehören, die sagen: »Ich würde gerne an Gott glauben, ich kann es aber nicht« oder auch »Gott interessiert mich nicht, der

Glaube an Gott ist lächerlich«, können Sie eine gute Beziehung zu Gott aufbauen und sich damit einen Zugang verschaffen zu einer Kraft, die über Ihre eigene weit hinausgeht.

Vielleicht gehören Sie auch zu denen, die sagen: »Ich glaube an Gott und ich gehe auch in die Kirche. Ich praktiziere meinen Glauben, Gott ist wichtig in meinem Leben. Aber dass ich mich immer bedingungslos geliebt, gehalten und getragen fühle, dass mir das hilft, mich selbst bedingungslos anzunehmen, das kann ich nicht behaupten.« Auch dann kann Ihre Beziehung zu Gott noch besser werden, sodass Sie diese Kraft uneingeschränkt und konkret im Alltag spüren können.

Warum überhaupt Gott?

Wir Menschen wissen einfach so wenig: Wo kommen wir her, wo gehen wir hin, was soll das hier alles? Gibt es nur uns Menschen hier auf der Erde oder ist da noch mehr Leben im Universum? Haben wir nur dieses eine Leben und, wenn ja, warum nur? Wozu soll das alles gut sein? Schon Kinder stellen diese Fragen und können dabei sehr hartnäckig sein. Es ist eine echte Herausforderung für Erwachsene, auf diese Kinderfragen zu antworten.

Da wir so wenig wissen, füllen wir automatisch die »Leerstellen« mit Vorstellungen, Bildern, Ideen. Das haben Menschen immer schon so gemacht, und sie werden es immer tun. Wir können es nicht nicht tun. Wir müssen Antworten auf diese Fragen finden und solange wir leben, können wir niemals ganz sicher sein, ob unsere Antworten wahr sind. Unser Bedürfnis nach Antworten auf Fragen, die letztlich vermutlich nie wirklich beantwortet werden können, bildet die Grundlage für die Entstehung von Religionen.

Religionen sind Konstrukte, die das menschliche Zusammenleben regeln sollen und gleichzeitig dem Wunsch des Menschen nach Antworten entgegenkommen. Insofern haben Religionen im Laufe der Geschichte der Menschheit bis zum heutigen Tag immer eine sehr große Rolle gespielt.

Ich bin Psychologin und keine Religionswissenschaftlerin oder Theologin. Mein Blick auf die Welt geht immer vom einzelnen Menschen aus zum großen Ganzen. Mein Erfahrungshintergrund besteht aus vielen einzelnen Lebensgeschichten, die sich mit der Zeit zu immer größeren Bildern des Menschseins zusammensetzen. Insofern interessiert mich Religion in erster Linie unter dem Aspekt der Beziehung zu Gott, die der einzelne Mensch hat. Das hat auch gesamtgesellschaftliche Auswirkungen. Darauf werde ich am Ende des Buches zu sprechen kommen.

Für mich stellt sich die Sache also so dar: Jeder Mensch braucht Antworten auf die großen Fragen und jeder Mensch gibt sie sich im Laufe des Lebens. Diese Antworten können durchaus in unterschiedlichen Lebensphasen sehr unterschiedlich ausfallen. Das ist sogar wahrscheinlich. Für mich als Psychologin ist es nicht so bedeutsam, ob die Antworten, die mein Gegenüber für sich findet, die richtigen sind. Ich gehe davon aus, dass wir das sowieso nicht wissen können.

Mir ist wichtig, wie es den Menschen mit ihren ganz persönlichen Antworten geht, wie sie sich damit fühlen. Sind diese Antworten hilfreich? Sind sie unterstützend, geben sie Mut und Zuversicht? Machen sie freundlich und liebevoll, sich selbst und anderen gegenüber? Helfen sie bei Krisen und der Heilung von Traumata? Dann halte ich diese Antworten ungeachtet ihres Wahrheitsgehaltes für gut. Wenn das nicht der Fall ist, empfinde ich es als meine Aufgabe, zusammen mit Menschen, die dies wollen, andere Antworten zu finden; Antworten, die das Leben besser gelingen lassen als die bisherigen.

Ich selbst fühle mich von einem bedingungslos liebenden Gott gehalten und getragen und die Beziehung zu diesem Gott gibt mir im Alltag viel Kraft. Ohne diese Beziehung könnte ich meine Arbeit als Psychotherapeutin nicht tun. Mit dieser Beziehung macht mir diese Arbeit sehr viel Freude und ich liebe sie.

Sollte es nach meinem Tod so sein, dass mir irgendwelche Aliens erklären, dass alles ganz anders war, als ich dachte, und dass Gott, zu dem ich all die Jahre diese herzliche Beziehung hatte, gar nicht existiert, dann kann ich immerhin antworten: »Tja, das ist natürlich blöd. Aber in all den Jahren, die ich auf Erden war und das einzige Leben gelebt habe, das ich damals kannte, hat mir diese Beziehung sehr geholfen und ich finde, das ist die Hauptsache!« Und wenn diejenigen recht behalten, die sagen, der Tod ist einfach das Ende, wir gehen ins Nichts und kriegen nichts mehr mit, dann werde ich nie erfahren, dass ich mich geirrt habe. Beides sind Möglichkeiten, die ich nicht ausschließen kann, die mich aber nicht davon abhalten, mich hier auf der Erde in einem liebenden Gott geborgen und aufgehoben zu fühlen.

In diesem Buch soll es nicht darum gehen, ob Gott wirklich existiert oder nicht. Ob es einen Gottesbeweis geben kann, ja oder nein. Ob und, wenn ja, welche Religion die richtige Antwort auf all die großen Fragen kennt. Das mögen interessante Themen sein, allerdings haben die Debatten darüber uns als Menschheit nicht sehr weit vorangebracht. Für das Seelenheil des Einzelnen sind diese Fragen nicht wichtig. Einzig und allein die Fragen: »*Wie* ist mein Gott? Hilft er mir, ist er für mich da, gibt er mir Kraft und Sinn, macht er mich freundlich und liebevoll oder nicht?« spielen eine Rolle. Und wenn Menschen durch das Gefühl, geborgen und geliebt zu sein, offener und mitfühlender werden, hat das auch gesellschaftlich günstige Auswirkungen.

Wir alle werden in gesellschaftliche Strukturen hineingeboren, also auch in religiöse Strukturen (zu denen ich atheistische Systeme ebenfalls zähle). Welcher Religion wir angehören oder eben auch nicht, hängt in erster Linie davon ab, in welche Familie in welchem Land wir geboren werden. Religion ist für mich unter diesem Aspekt so etwas wie die Muttersprache. Wir suchen sie uns nicht aus. Wir können auch andere Sprachen lernen, aber unsere Muttersprache wird immer ein Gefühl von Vertrautheit und Heimat in uns auslösen, selbst dann, wenn wir das Land, in dem wir diese Sprache erworben haben, aus irgendeinem Grund verlassen haben oder es vielleicht sogar ablehnen. Die Prägung bleibt. Wenn man diese Sprachanalogie noch weiter bemüht, wird deutlich, wie unglaublich absurd der Streit darüber ist, welche Religion »die richtige« ist. Die wenigsten Menschen würden darüber streiten, welche Sprache die einzig richtige in der Welt ist. Allerdings kann man sich trefflich darüber streiten, welche Sprache gesprochen werden sollte, aber das nur am Rand …

Ich selbst bin in die evangelisch-lutherische Religion hineingeboren. Ich bin getauft und konfirmiert. Ich bin mit 25 Jahren aus der Kirche aus- und mit 52 wieder eingetreten. Für beides gab es gute Gründe, die in diesem Buch noch zur Sprache kommen. Ich schreibe also als Christin, die sich intensiv mit der christlichen Religion auseinandergesetzt hat. Die meisten meiner Patientinnen sind auch Christinnen, auch wenn sich das zunehmend ändert. Das Christentum ist noch immer die einflussreichste Religion der Welt und hat eine starke Wirkung im Unbewussten vieler Menschen. Insofern werde ich mich, wenn es um den Einfluss der Religion auf die Beziehung des Einzelnen zu Gott geht, auf das Christentum beziehen, einfach weil ich darüber am meisten weiß. Ich gehe aber davon aus, dass auch diejenigen, die sehr wenig mit dem Christentum zu tun haben, die in eine andere Religion oder in die Religionslosigkeit hinein sozialisiert sind, das Buch mit Gewinn lesen werden. Zumindest ist das mein Wunsch.

Aufbau des Buches

Gott ist entweder ein Gott der Angst oder der Liebe. Wie er erlebt wird, hängt ganz entscheidend von Kindheitserfahrungen ab. Daher wird es im ersten Teil des Buches darum gehen, wie sich die Beziehung zu Gott entwickelt und welche Auswirkungen es hat, ob wir Gott als liebend oder als beängstigend wahrnehmen.

Im zweiten Teil geht es dann um die konkrete Veränderung der Beziehung zu Gott hin zu einem Gott, der zu einer stetigen Quelle von Unterstützung, Trost und Heilung wird.

Am Schluss werde ich einen kurzen Ausblick darauf geben, welche gesellschaftlichen Auswirkungen es hat, wenn Gott mehrheitlich als Gott der Angst angesehen wird oder als Gott der Liebe.

Ich habe mich anfänglich gefragt, ob ich tatsächlich das Wort »Gott« verwenden oder nicht doch lieber von einer »höheren Macht« sprechen sollte oder andere Umschreibungen verwenden. Aber es geht genau um dieses Wort. Es ist nun einmal das Wort, das Menschen am ehesten kennen und auf das sie reagieren. Auch Menschen, die Gott in ihrem Leben abgewählt haben und andere Begriffe nutzen oder sich weigern, sich damit zu beschäftigen, verbinden etwas mit dem Begriff. Das bedeutet, dass er wirksam ist, und sei es nur unbewusst. Also lohnt es sich, sich genau mit diesem Wort auseinanderzusetzen und die Wirkung, die es auf uns hat, gegebenenfalls zu verändern. Wenn Sie am Ende des Buches für sich entscheiden, dass Sie sich nun endgültig von diesem Wort verabschieden und für sich andere Begriffe finden wollen, ist das kein Problem. Denn bis dahin haben Sie Erkenntnisse darüber gewinnen können, welche unbewussten Wirkungen dieses Wort für Sie hat und ob diese Wirkungen für Sie hilfreich sind oder nicht.

Anregung:
Denken Sie jetzt einmal intensiv das Wort »Gott« und beobachten Sie dabei Ihre Reaktion. Wie fühlen Sie sich, wenn Sie das Wort denken? Geht Ihr Herz auf, wird es weit und froh oder zieht sich eher etwas in Ihnen zusammen? Bemerken Sie gar keine Reaktion? Sind Sie wütend auf Gott, enttäuscht? Oder erinnern Sie sich an Situationen, in denen Sie Gott als wunderwirkend erlebt haben? Ist Gott zu groß, um sich damit zu beschäftigen? Oder empfinden Sie diese Größe als spannend? Bewerten Sie Ihre Reaktionen nicht, registrieren Sie sie nur. Diese Erfahrungen geben Ihnen bereits einen ersten Hinweis darauf, wie Ihre Beziehung zu Gott zu diesem Zeitpunkt ist.

WIE ENTWICKELT SICH DIE BEZIEHUNG ZU GOTT?

Kinder haben grundsätzlich eine gute Beziehung zu allem Geheimnisvollen und Wunderbaren. Die Welt ist für sie völlig unüberschaubar. Sie wissen, dass sie nichts wissen, und sie wissen, dass sie Hilfe benötigen. Sich jemandem anzuvertrauen, der klüger und weitsichtiger ist als sie selbst, ist für sie eine Überlebensnotwendigkeit. Diese Ansprechpartner sind in den meisten Fällen die Eltern oder, wenn diese es aus irgendwelchen Gründen nicht sein können, andere Erziehungsberechtigte. Für das Kind sind die Eltern allwissend und unfehlbar, und damit sind die Eltern für das Kind sehr gottähnlich. In jeder Familie gibt es normalerweise eine Person, die die »gottähnlichste« ist, also die Person mit der höchsten Autorität. Bei einigen Menschen ist das die Mutter, bei anderen der Vater. In Großfamilien kann es auch ein Großvater, eine Großmutter oder sonst ein Familienmitglied sein, eben das »Familienoberhaupt«. Diese Person scheint die weiseste zu sein, die, die am besten weiß, wo es langgeht, und die deswegen auch die wichtigsten Entscheidungen trifft. Diese Person zufriedenzustellen und von ihr akzeptiert zu werden, ist für alle Familienmitglieder sehr wichtig. In religiösen Familien steht von Anfang an fest, dass über der höchsten Autorität in der Familie noch eine höhere Macht steht, eine, die von niemandem angefochten werden kann, nämlich Gott. Kinder in religiösen Familien lernen, dass sich jeder Mensch, egal wie groß seine Autorität sein mag, der Macht Gottes beugen muss, dass Gott die Dinge letztendlich regelt und nicht der Mensch.

In nicht religiösen Familien merkt das Kind ebenfalls irgendwann, dass auch die mächtigste Person noch andere Autoritäten über sich hat, dass auch diese Person nicht unfehlbar und nicht völlig unabhängig ist. Wenn zum Beispiel in einer Familie ein Familienmitglied sehr krank wird oder stirbt, wird das Kind zunächst sehr verwundert darüber sein, dass das Familienoberhaupt daran nichts ändern kann. Vielleicht fragt es sogar, warum denn keiner, auch die klügste und mächtigste Person in der Familie, etwas dagegen tut. In einer solchen Situation hört das Kind möglicherweise das erste Mal von einer Macht, die höher ist als die Macht der Menschen, die es kennt. In vielen Familien wird spätestens jetzt zum ersten Mal Gott erwähnt. Vielleicht werden aber auch andere Erklärungen gegeben wie: »So ist das Leben nun mal, das gehört zur Natur des Menschen«. Dann wäre die höchste Autorität das Leben oder die Natur, vielleicht in einer sehr naturwissenschaftlich orientierten Familie auch die Naturgesetze.

Egal, wo und wie das Kind aufwächst: Es erfährt früher oder später, dass es Kräfte gibt, die über die menschlichen Möglichkeiten der Eltern und anderer Erwachsener hinausgehen.

Wie das Kind sich diese höchste Macht vorstellt und welche Beziehung es dazu entwickelt, hängt stark davon ab, wie die Beziehung zum mächtigsten Menschen im Leben des Kindes ist. Das Kind mag zwar erfahren, dass es etwas gibt, das mächtiger ist als beispielsweise der Vater. Dennoch wird es ihm schwerfallen, sich diese Kraft ganz anders vorzustellen als den Menschen, den es als höchste Autorität erlebt. **Insofern wird die höchste Macht in der Vorstellung des Kindes sehr viel Ähnlichkeit mit dem Familienoberhaupt haben.** Genau so, nur noch viel weiser, größer und mächtiger. In der christlichen Religion zeigt sich das sehr deutlich in der Verwendung des Wortes »Vater« als Synonym für Gott.

Anregung:
Wer war in Ihrer Familie das Familienoberhaupt? Wer hatte die höchste Autorität? War für Sie als Kind von vornherein klar, dass über diesem Menschen noch eine höhere Macht stand, und wie wurde diese bezeichnet? Wenn Sie erst im Laufe der Zeit verstanden haben, dass das Familienoberhaupt nicht allmächtig ist, wie und in welcher Situation haben Sie das erfahren? Und welche Erklärung gab es dafür oder welche Erklärung haben Sie sich selbst als Kind dafür gegeben?

Bedingungslose und bedingte Liebe

Um genauer zu verstehen, welche Beziehung ein Kind zu der höheren Macht aufbaut und wie es sich darin erlebt und fühlt, müssen wir die Entwicklung von Kindern etwas genauer beleuchten.

Wenn ein Kind auf die Welt kommt, ist es vollkommen hilflos und noch überhaupt nicht in der Lage, irgendwelche Erwartungen oder Bedingungen, die die Eltern stellen, zu erfüllen. Es ist einfach da und braucht Liebe. Diese Liebe muss naturgemäß **bedingungslos** sein. Das Kind kann sich diese Liebe nicht verdienen, sie ist da oder nicht. Wenn sie fehlt, kann das Kind nichts dagegen tun. Wir Menschen sind glücklicherweise so gemacht, dass wir kleinen Kindern sehr selbstverständlich diese bedingungslose Liebe geben. Sie fließt beim Anblick eines kleinen Kindes einfach so aus uns heraus. Insofern fällt es psychisch gesunden Menschen üblicherweise nicht schwer, ein Baby bedingungslos zu lieben. Und das ist segensreich, denn wenn ein Baby diese Liebe nicht bekommt, wird es sterben. Das klingt jetzt vielleicht etwas dramatisch, aber es ist tatsächlich so. Wenn Kinder nur Nahrung und Obdach bekommen, aber nie in den Arm genommen oder liebevoll angesprochen werden, sterben sie. So wichtig ist für das »soziale Tier« Mensch die Verbindung zu anderen Menschen. Schon im 13. Jahrhundert musste der Stauferkaiser Friedrich II. diese Erkenntnis gewinnen, als er Kinder vollständig isolierte und nur ihre körperlichen Bedürfnisse erfüllen ließ. Er wollte herausfinden, welches die »Ursprache« der Menschen ist, die diese sprechen würden, wenn sie von niemandem Ansprache erhielten. Es kam aber gar nicht erst so weit, dass die Kinder sprechen lernten, denn sie starben schon vorher aufgrund des Mangels an Zuwendung.

Wenn ein Kind älter wird, erlebt es, dass die Eltern es für ein bestimmtes Verhalten loben, bei anderem ablehnend reagieren. Es erfährt also, dass es selbst einen gewissen Einfluss auf die Reaktion der Eltern hat. Das Kind lernt, Bedingungen zu erfüllen und dann **bedingte Liebe** zu erfahren. Diese Liebe kann es sich verdienen. Wenn sie fehlt, kann das Kind zumindest versuchen, sie zu erlangen, indem es sich anpasst, sich anstrengt, alles tut, um die Erwartungen, die an es gestellt werden, zu erfüllen.

Im günstigsten Fall verläuft die Entwicklung eines Kindes so, dass es zunächst ganz viel bedingungslose Liebe erhält, in die nach und nach immer mehr bedingte Liebe »hineingemischt« wird. Das Kind wird sich bemühen, die Bedingungen zu erfüllen, aber das wird ihm natürlich nicht immer gelingen. Und nun ist es sehr wichtig, dass das Kind, wenn ihm etwas misslingt, wieder auf die bedingungslose Liebe zurückgreifen kann. Dass es weiß: »Es ist wichtig, dass ich mich bemühe, dass ich tue, was man von mir erwartet, aber wenn es nicht möglich ist, dann bin ich immer noch geliebt. Ich kann zwar zwischenzeitlich die bedingte Liebe der Eltern oder anderer wichtiger Personen verlieren, aber niemals die bedingungslose Liebe.« Ein Kind, das das weiß, fühlt sich im Leben sicher und geborgen. Es wird sowohl bereit sein, sich zu bemühen als auch mutig Fehler und Niederlagen zuzulassen. Das Kind kann sich frei entfalten.

Damit ein Kind diese Gewissheit der bedingungslosen Liebe erhält, ist es entscheidend, dass die Eltern oder andere Erziehungspersonen, wenn sie das Kind kritisieren, das **Verhalten** des Kindes infrage stellen und niemals die **Person!** Kinder wissen, dass sie nicht alles richtig machen und dass sie viel lernen müssen. Dass sie korrigiert und angeleitet werden, ist für sie selbstverständlich. Sie wollen es sogar. Aber wenn statt des Verhaltens die Person des Kindes angegriffen wird, kann das Kind sich nicht mehr geliebt fühlen. Wenn es hört: »Du bist dumm, du taugst nicht, du bist faul, du bist frech« oder welche Aussagen über die Person auch immer, dann empfindet sich das Kind selbst als falsch und nicht nur sein Verhalten. Und sich anders zu *verhalten,* das kann ein Kind lernen, anders zu *sein* jedoch nicht.

Die Gewissheit, bedingungslos geliebt zu sein, ist die wichtigste Quelle der Kraft im Leben. Ohne sie geht es nicht oder zumindest nicht gut. Ganz ohne geht es tatsächlich gar nicht. Jeder Mensch, der lebt, hat also irgendwann einmal die Erfahrung bedingungsloser Liebe gemacht, er wäre sonst schlicht und ergreifend nicht mehr da. Aber diese Erfahrung kann sehr brüchig sein, eher wie ein kleines Rinnsal, das das Überleben garantiert, und kein steter Fluss, an dem man jederzeit seinen Durst stillen kann.

Jede Mutter, jeder Vater liebt im tiefsten Inneren das eigene Kind bedingungslos. Das ist gar nicht anders möglich.

Das heißt aber leider nicht, dass die Eltern diese Liebe auch immer wahrnehmen, und schon gar nicht, dass sie sie immer ausdrücken können. Eltern sind eben auch nur Menschen und das heißt, sie fühlen sich auch nicht immer gut, sind nicht immer mit sich und der Welt im Reinen, wissen – anders als das Kind annimmt – manchmal überhaupt nicht weiter. Und wenn dann das Kind Erwartungen nicht erfüllt, dann kann es für die Eltern sehr schwer sein, dem Kind die bedingungslose Liebe zu zeigen. Dazu kommt, dass Kinder das Verhalten von Eltern sehr leicht missverstehen können und dann Reaktionen auf sich beziehen, die gar nichts mit dem Kind selbst zu tun haben.

Ein Patient von mir hatte zum Beispiel einen Vater, der bei der Heimfahrt von seiner Arbeit immer mit einem Kollegen zusammen fuhr, der den Vater häufig herabwürdigte. Wenn der Vater dann nach Hause kam, war er oft ärgerlich und gereizt und reagierte ungeduldig auf die ganz normalen Lebensäußerungen der Kinder. Das führte dazu, dass der Patient glaubte, dass er es seinem Vater nie recht machen könne und dass sein Vater ihn eben nicht bedingungslos liebte. Hätte man den Vater dazu befragt, hätte er mit Sicherheit gesagt: »Oh nein, wie kommen Sie denn darauf, dass ich meinen Sohn nicht geliebt habe? Er war ja mein großer Lichtblick am Abend nach der Arbeit. Meine Kinder waren und sind das Wichtigste in meinem Leben. Ich könnte gar nicht aufhören, meine Kinder zu lieben, egal, was sie tun!«

Wenn Sie selbst Kinder haben, dann können Sie eine solche Aussage sicher gut verstehen. Ich vermute, es geht Ihnen genauso. Sie könnten gar nicht aufhören, Ihre Kinder zu lieben, ganz egal, was sie tun. Das ist die bedingungslose Liebe. Sie wissen um diese Liebe, aber Sie können nicht zwangsläufig davon ausgehen, dass Ihre Kinder ebenfalls darum wissen.

Natürlich gibt es auch Eltern, die ihre Kinder tatsächlich ablehnen und ihnen das auch immer wieder sagen. Üblicherweise war die Geburt des Kindes in solchen Fällen eben kein Anlass zur Freude, sondern führte zu Konflikten, Leid und Schmerz. Vielleicht weil das Kind unehelich geboren wurde (was heute glücklicherweise meistens kein Problem mehr darstellt), sich die Mutter zu jung fühlte, depressiv war, das Elternpaar eigentlich gar nicht zusammenbleiben wollte, das Geld nicht reichte oder was auch immer. In allen Fällen lag die Ablehnung des Kindes durch die Eltern nicht im Kind selbst begründet! Die Eltern projizieren ihre unangenehmen Gefühle im Zusammenhang mit der Geburt des Kindes auf das Kind. **Mit dem Kind selbst ist aber immer alles in Ordnung.** Das allerdings kann es nicht wissen und es wird sich eben nicht bedingungslos geliebt fühlen.

Wie hängt die Wahrnehmung der bedingungslosen Liebe der Eltern mit der Beziehung zu Gott zusammen? Ich habe beschrieben, dass für Kinder Gott sehr große Ähnlichkeit mit der höchsten Autorität im Familiensystem hat. Ob ein Kind sich von diesem mächtigsten Familienmitglied bedingungslos geliebt gefühlt hat oder nicht, wird entscheidend mitbestimmen, ob das Kind Gott als bedingungslos liebend wahrnehmen kann oder nicht. Darum ist die Frage, wie Sie die höchste Autorität in Ihrer Familie erlebt haben, so bedeutsam. Sie beeinflusst unbewusst Ihr Bild von Gott und damit Ihre Beziehung zu ihm.

Damit Gott eine echte Kraftquelle sein kann und damit Sie Gott in Ihrem Leben segensreich nutzen können, sich in Gott geborgen, von ihm getragen und gehalten fühlen können, müssen Sie davon ausgehen können, dass Gott Sie *bedingungslos* liebt. Alles andere funktioniert nicht.

Wenn Menschen als Kind oder auch heute noch die höchste menschliche Autorität in ihrem Leben als nicht bedingungslos liebend wahrnehmen, dann können wir davon ausgehen, dass es ein Problem in ihrer Beziehung zu Gott gibt. Es ist für Menschen außerordentlich schwierig, diese beiden Beziehungen voneinander zu trennen. In unserem Inneren verschmelzen sie oft regelrecht miteinander. Erwachsene können diese Trennung sehr wohl vornehmen, aber sie müssen dies bewusst tun. Und den meisten Menschen ist gar nicht klar, wie sehr sie noch immer von der unbewussten Verschmelzung ihres Bildes ihrer Eltern und ihres Bildes von Gott bestimmt werden. Insofern setzen sie sich so gut wie nie mit diesen alten Einflüssen auseinander.

Wenn Sie ein Interesse daran haben, Ihre Beziehung zu Gott zu verändern, dann können Sie sich jetzt daranmachen, diese beiden Bilder voneinander zu lösen.

Vorher schauen wir uns aber noch an, welche Auswirkungen es auf das gesamte Leben hat, wenn der Mensch sich nicht bedingungslos geliebt weiß. Denn dann kommt das Gefühl der Trennung und damit die existenzielle Angst ins Spiel.

Anregung:
Wie haben Sie die höchste menschliche Autorität in Ihrem Leben erlebt? Haben Sie sich von ihr bedingungslos geliebt gefühlt oder hatten Sie Angst, diese Liebe verlieren zu können? Wie sehr haben Sie sich von dieser Autorität verstanden und unterstützt gefühlt? Wurde in Ihrer Familie das Verhalten kritisiert oder gleich die ganze Person? Welche Situationen haben gegebenenfalls dazu geführt, dass Sie an der bedingungslosen Liebe gezweifelt haben oder eventuell heute noch daran zweifeln?

Angst versus Liebe

Wenn der Mensch sich bedingungslos geliebt weiß, fühlt er sich verbunden und zugehörig und darum sicher. Wenn er das nicht weiß, fühlt er sich getrennt und ausgestoßen. Und dieses Gefühl ist mit existenzieller Angst verbunden. Wir Menschen sind soziale Wesen und nicht nur als Babys unbedingt darauf angewiesen, uns mit anderen Menschen verbunden zu fühlen. Das Gefühl von Unverbundenheit ist nicht nur furchtbar leer und traurig, es ist vor allem auch sehr bedrohlich. Wie wichtig es für Menschen ist, sich zugehörig und verbunden zu fühlen, zeigt sich daran, dass es möglich ist, einen Menschen so zu verfluchen, dass er stirbt. Als die frühen Missionare in Afrika oder anderen Ländern auf das Phänomen der Verfluchung stießen, waren sie zutiefst verwundert. Sie konnten sich nicht erklären, wie es sein kann, dass ein Mensch, wenn über ihn ein Fluch ausgesprochen wird, tatsächlich stirbt. Heute kennt die Medizin den Grund. Wenn ein Mensch verflucht wird, dann wird er aus der Gemeinschaft ausgestoßen. Wenn er dann keinen Ort hat, an den er sonst gehen kann, und alle Mitglieder der Gemeinde dem Fluch folgen, dann wird er von niemandem mehr gesehen oder beantwortet. Das heißt, er erhält keine Liebe mehr. Das führt zu einem Zusammenbruch des Immunsystems, das existenziell auf Liebe und Zugehörigkeit angewiesen ist. Ohne funktionierendes Immunsystem kann sich der menschliche Organismus nicht am Leben erhalten, der Mensch stirbt. Ähnlich lässt sich das Phänomen des gebrochenen Herzens erklären: Wenn ein Mensch durch einen schweren Verlust das Gefühl hat, nie mehr lieben zu können, dann kann das so massive Auswirkungen auf das Herz haben, dass dieses seine notwendige Arbeit, um den Organismus zu erhalten, nicht mehr leisten kann und aufhört zu schlagen.

Die Liebe, das Gefühl der Verbindung mit anderen Menschen und der Welt, ist die wichtigste Quelle von Lebendigkeit, Freude und Lebensmut für uns Menschen. Das gilt für alle Menschen, ganz egal, wie alt sie sind, wo und wann sie geboren sind, welchen Bildungsgrad sie haben oder welcher Religion sie angehören. Das ist etwas, was allen Menschen gemein ist. Es ist sehr wichtig, sich das vor Augen zu führen und im Umgang mit anderen Menschen niemals zu vergessen.

Wenn ein Mensch sich also ausgestoßen, ungeliebt, unverbunden fühlt, dann hat er Angst. Große Angst, Todesangst. Ist es Ihnen schon einmal passiert, dass Sie in einer Lebenssituation plötzlich tatsächlich Todesangst erlebt haben, auch wenn Sie rational genau wussten, dass Sie nicht wirklich in Gefahr waren zu sterben?

Als junge Frau zum Beispiel erlebte ich diese Angst immer dann, wenn ich einen Fehler gemacht oder etwas vergessen hatte. Ich spürte sehr wohl, dass die Angst in ihrem Ausmaß nicht zu den Folgen meiner »Tat« passte. Aber das konnte ich mir damals weder erklären noch diese Angst überwinden.

Wenn Sie das auch manchmal erleben, dann haben Sie in einer solchen Situation subjektiv die Verbindung zu anderen Menschen und zur bedingungslosen Liebe verloren. Und dieses »subjektiv« ist ein ganz entscheidender Punkt. Es geht nicht darum, ob Sie tatsächlich die Verbindung verloren haben. In unserer Gesellschaft ist es praktisch kaum möglich, einen Menschen effektiv zu verfluchen. Wir können immer noch die Stadt wechseln oder den Fußballverein oder was auch immer. Insofern können wir gar nicht völlig getrennt sein. Und ein Mensch, der sich von einem bedingungslos liebenden Gott gehalten fühlt, kann sowieso nicht aus der Liebe herausfallen. Aber ohne bedingungslos liebenden Gott und mit der Vorstellung, von Menschen ausgestoßen zu sein, können wir uns als total getrennt und damit verloren *erleben*. Und nur darauf kommt es an.

Ihrem Verstand mag völlig klar sein, dass es nicht so sein wird, dass Sie nie wieder von irgendwem geliebt werden, wenn Sie den Abschluss nicht schaffen, den Sie schaffen wollten, die Frau nicht bekommen, die Sie lieben, oder aus beruflichen Gründen umziehen und sich ein neues Umfeld schaffen müssen. Auch wenn Ihr Verstand das weiß, hilft Ihnen das unter Umständen aber gar nichts. Wie oft höre ich in meiner Praxis: »Ich weiß, dass es Menschen gibt, zu denen ich gehöre, die mich mögen, mich respektieren, vielleicht sogar lieben, aber dieses Wissen hilft mir nicht. Denn ich fühle mich nicht geliebt, nicht geborgen, nicht sicher.«

Und da kommen dann wieder unsere Kindheitserfahrungen mit der höchsten menschlichen Autorität und Gott ins Spiel. Haben wir unsere höchste menschliche Autorität so erlebt, dass wir uns immer geliebt gefühlt haben, auch dann, wenn diese Person mal nicht mit unserem Verhalten einverstanden war, dann werden wir dieses Gefühl von Getrenntsein kaum erleben. Wir wissen dann: Ich bin immer aufgehoben. Da ist jemand, der immer zu mir steht, mich bedingungslos unterstützt, immer für mich da ist. Wir gehen dann im Zweifelsfall davon aus, dass nicht nur dieser Mensch so ist, sondern im Grunde genommen alle Menschen und auch das, was über die Menschen hinausweist, das Leben, die Natur oder eben Gott. Dann fühlen wir uns im Leben sehr sicher und aufgehoben und können auch mit Schicksalsschlägen, Versagungen und Kränkungen umgehen. Denn die Verbindung bleibt bestehen, die Liebe fließt immer weiter, und aus ihr wächst die Kraft, mit allen Schwierigkeiten umzugehen und sie letztendlich zu bewältigen.

Sollten Sie zu den wenigen gehören, die das so erleben, dann kann ich Sie nur beglückwünschen. Machen Sie sich dann bitte klar, dass das keineswegs ein Lebensgefühl ist, das viele Menschen mit Ihnen teilen. In unserer Gesellschaft haben die meisten Menschen dieses Lebensgefühl nicht. Und das hängt nicht daran, dass diese Menschen von ihren Eltern nicht geliebt wurden. Es hängt daran, dass sie sich nicht immer bedingungs*los* geliebt *gefühlt* haben. Wenn Sie diese Not nicht kennen, heißt das nicht, dass andere nicht an ihr leiden.

Ich habe schon häufiger erlebt, dass Menschen, die sich auf die Suche nach einem bedingungslos liebenden Gott gemacht haben, eben weil sie ihn in ihrer Kindheit so nicht erlebt haben, bei Menschen, die diese Liebe immer hatten, auf völliges Unverständnis stoßen. Denn sich geliebt fühlenden Menschen ist oft gar nicht klar, was es heißt, ohne dieses Gefühl auskommen zu müssen. Sie kennen die damit verbundene Angst, Verzweiflung und Not überhaupt nicht und verstehen oft nicht, warum sich ihr Partner oder ein anderer ihnen nahestehender Mensch nicht besser fühlt. Manchmal haben diese sich geliebt fühlenden Menschen auch gar nicht die Idee, Gott zu brauchen. Sie wissen nicht, dass sie ihn im Grunde genommen schon haben. Sie nennen ihr Gefühl der Geborgenheit, ihr tiefes Vertrauen nicht Gott. Sie halten es für selbstverständlich und können sich nicht vorstellen, dass anderen Menschen dieses Gefühl fehlt.

Die meisten Leserinnen und Leser werden allerdings vermutlich nicht zu den Menschen gehören, die dieses Problem mit Gott gar nicht haben. Sie gehören wahrscheinlich eher zu den Menschen, die die beschriebene existenzielle Angst und das Gefühl von Getrenntheit nur zu gut kennen. Wenn das für Sie gilt und Sie in Ihrer Umgebung einen Menschen haben, der keinerlei Verständnis für Ihre Not und Ihre Suche nach Liebe oder Gott zu haben scheint: Überprüfen Sie, ob diese Person vielleicht so eine »urgeliebte« Person ist, und machen Sie sich dann klar, dass diese Person Sie möglicherweise gar nicht verstehen kann.

Wodurch wird nun also dieses Gefühl der Getrenntheit und damit die existenzielle Angst hervorgerufen? Dieses Gefühl entsteht immer dann, wenn ein Mensch bestimmte Bedingungen nicht erfüllt oder meint, nicht zu erfüllen, ohne dass er sich in die Arme der bedingungslosen Liebe fallen lassen kann. Nehmen wir einmal an, in Ihrer Familie wäre es üblich, sehr sportlich zu sein und sportliche Erfolge zu feiern. Sie werden schon früh in einem Sportverein angemeldet und gefördert. Nun zeigt sich aber, dass Sie gar nicht so sportlich sind oder sich für Sport im Grunde Ihres Herzens gar nicht interessieren. Jetzt ist es von zentraler Bedeutung, wie Ihre Familie und natürlich insbesondere die wichtigste Autorität damit umgeht. Bleibt die Verbindung fühlbar bestehen, auch wenn Ihre Familie Sie nicht versteht, oder nicht? Gibt es vielleicht liebevollen Spott für Ihre Unsportlichkeit, aber es wird Ihnen die Möglichkeit gegeben, sich auf anderen Gebieten auszuprobieren und weiterzuentwickeln? Oder erleben Sie eher Verachtung und Ausgestoßensein? Spüren Sie die große Enttäuschung der anderen, dass Sie nicht sind wie sie? Interessiert sich niemand dafür, was Sie stattdessen mögen, und fühlen Sie sich bei Familientreffen »außen vor«, weil niemand mit Ihnen über die Dinge spricht, die für Sie wichtig sind? Dann werden Sie sich wegen Ihrer Unsportlichkeit schlecht fühlen, sich schämen und sich weniger wert fühlen als die anderen in der Familie. Vielleicht versuchen Sie, doch noch sportliche Erfolge zu schaffen oder die anderen für Ihre Erfolge auf anderem Gebiet zu begeistern, und sind irgendwann furchtbar frustriert, weil Ihnen das nie zur Zufriedenheit gelingt. Dann werden Sie sich »falsch« fühlen und das wird Ihnen Angst machen. Sie werden Schwierigkeiten haben, sich zu entspannen, weil Sie Schwierigkeiten haben werden, sich selbst so anzunehmen, wie Sie sind.

Wenn Sie sich trotz der Unsportlichkeit immer noch geliebt und geachtet fühlen, wird das nicht passieren. Als Beispiel kann natürlich auch jede andere Abweichung von der »Familiennorm« dienen. Was es ist, spielt keine Rolle, entscheidend ist, ob Sie das Gefühl haben, dass es bedingungslos in Ordnung ist, so zu sein, wie Sie sind, oder nicht. Wenn nicht, wird Sie das Gefühl, nicht gut genug zu sein, bis ans Ende der Welt verfolgen, auch wenn Sie sich von Ihrer Familie distanzieren oder sogar den Kontakt abbrechen. Es sei denn, Sie beginnen, sich selbst bewusst bedingungslose Liebe zu erlauben.

Das Verrückte ist: Ein Kind, das unter einem Mangel an bedingungsloser Liebe leidet, egal, ob die Eltern sie nicht geben können oder ob das Kind sie nicht wahrnehmen kann, ist hilflos und ausgeliefert. Wenn es dann die bedingte Liebe kennenlernt, erkennt es, dass es eine Liebe gibt, über die es Kontrolle ausüben kann. Diese Liebe kann sich das Kind verdienen und das wird es mit allen Mitteln versuchen. Dennoch hört es nicht auf, sich nach der bedingungslosen Liebe zu sehnen. Also versucht das Kind unbewusst, so viele Bedingungen zu erfüllen, bis es der bedingungslosen Liebe würdig ist. **Es versucht, sich die bedingungslose Liebe zu verdienen! Und das geht nicht. Dieses Unterfangen ist von Anfang an zum Scheitern verurteilt.** Aber es führt zu ungeheuren Anpassungsversuchen, dazu, dass Menschen sich zu schier unmenschlichen Leistungen antreiben, zu absurdem und oft auch zu selbstschädigendem Verhalten. Zeigt eine Person ein Verhalten aus dem Motiv heraus, sich die bedingungslose Liebe verdienen zu wollen, kann sie dieses Verhalten nicht aufgeben, weil es das angestrebte Ziel nie erreicht.

Wir sind dann niemals gut genug, können niemals wirklich mit uns zufrieden sein, können nie ausschnaufen und einfach nur genießen, am Leben zu sein. Es ist, als würden wir unsere Lebensenergie permanent in ein schwarzes Loch werfen, in dem sie einfach verschwindet, ohne dass wir je etwas zurückbekommen.

Wenn Sie sich in diesen Ausführungen wiedererkennen: Halten Sie ein! Sie werden Ihr Ziel, sich die bedingungslose Liebe zu verdienen, niemals erreichen. Sie können Ihre Anstrengungen einstellen.

»Na toll!«, höre ich Sie sagen: »Soll ich jetzt etwa alle Bemühungen aufgeben, mich für nichts mehr engagieren und stattdessen auf dem Sofa liegen und Chips essen? Das klingt ja vielleicht verlockend, aber das kann es doch auch nicht sein!«

Da haben Sie völlig recht und darum geht es auch gar nicht. Haben Sie Geduld, es wird schon noch deutlich werden, wie es anders geht.

Zunächst einmal ist es wichtig, sich klarzumachen: Sie sind bedingungslos geliebt, Gott liebt Sie bedingungslos, es gibt dieses Netz der bedingungslosen Liebe, das Sie auffängt, ganz egal, was passiert. Hören die Vögel auf zu singen, wenn Sie das Haus verlassen, weil Sie so schrecklich sind und Liebe nicht verdient haben, geht die Sonne unter oder hört eine Landschaft auf, wunderschön zu sein, weil Sie nichtswürdiger Mensch sie betrachten? Nein? Na also. Das gibt doch schon mal einen Hinweis. Mir ist klar, dass das noch nicht ausreichend ist, aber wir kommen voran.

Wenn ich meinen Patientinnen von der bedingungslosen Liebe erzähle, von der Wärme und Herzlichkeit, die jederzeit für sie zur Verfügung steht, dann sagen sie oft: »Das wäre ja schön, aber ich habe das Gefühl, das nicht wirklich verdient zu haben.« Ich antworte dann meistens: »Stimmt, das haben Sie nicht verdient.« Daraufhin gucken die meisten mich ganz erschrocken an, weil Sie mich eigentlich als freundlich und unterstützend kennen und Sie diese Aussage als unfreundlich erleben. Ich erläutere dann aber weiter: »Sie haben das nicht verdient, ich habe das nicht verdient, niemand hat diese Liebe verdient. Sie ist einfach da. Für ausnahmslos jeden von uns. Wir können sie uns nicht verdienen, wir müssen sie uns nicht verdienen und sie kann uns nicht genommen werden, was auch immer wir tun.«

Dann merken die Patientinnen, dass diese Aussage eben nicht unfreundlich ist, im Gegenteil. Sie merken aber auch, dass diese Aussage beinhaltet, dass alle Menschen, auch die, die sie überhaupt nicht leiden können, diese Liebe bekommen. Und das ist nicht immer so leicht zu schlucken. Aber so ist es. Entweder diese Liebe ist wirklich bedingungslos, dann gilt sie für ausnahmslos jeden. Oder sie ist es nicht und dann kann ich wieder mit der bedingten Liebe anfangen: »Wenn jemand so und so ist, hat er Liebe verdient, sonst nicht.« Dann muss ich aber wieder fürchten, dass ich auch zu den Menschen gehöre, die die Liebe nicht verdient haben. Ein Dilemma.

Die bedingungslose Liebe anzunehmen heißt also, sie allen Menschen zuzugestehen. Gott sei Dank bedeutet das nicht, dass *ich* sie dem anderen Menschen geben muss, das wird uns aufgrund unserer menschlichen Begrenztheit manchmal vielleicht nicht gelingen. Aber es gilt hinzunehmen, dass Gott diese Liebe ausnahmslos jedem gibt. Und das ist anfänglich gar nicht so einfach.

Aber wenn man sich selbst an dieser bedingungslosen Liebe satt gegessen hat, wenn man selbst nicht mehr das Gefühl hat, daran Mangel zu leiden, dann ist es gar nicht mehr so schwer, diese Liebe allen Menschen auf der Welt zu gönnen. Das heißt nicht, dass ich jeden Menschen mögen muss, aber es heißt zumindest, dass ich jeden Menschen bedingungslos respektieren muss, und das ist ein guter Anfang.

Anregung:
Stellen Sie sich jetzt einmal einen Menschen vor, den zu lieben Ihnen nicht so recht gelingen will. Fantasieren Sie, wie Sie sich fühlen würden, wenn Sie sich ohne Wenn und Aber von Gott geliebt wüssten. Und dann schauen Sie aus diesem geborgenen und sicheren Gefühl heraus auf diesen Menschen. Ändert sich etwas in Ihrer Wahrnehmung?

Bedingungslose Selbstliebe

Sich von Gott bedingungslos geliebt zu fühlen führt in der Folge automatisch dazu, dass ich mich selbst bedingungslos liebe. Wie viele Menschen können wohl von sich sagen: »Ich liebe mich selbst bedingungslos!«? Wie würden Sie reagieren, wenn Sie das jemanden sagen hören würden? Würden Sie sich freuen und denken: »Recht so, wie sollte es auch anders sein«, oder wäre die Reaktion nicht eher etwas erschrocken: »Na, du traust dich was!«. Falls Sie mich fragen würden, ich würde sagen: »Ja, natürlich, ich liebe mich selbst bedingungslos!« Und, wie reagieren Sie innerlich auf diese Aussage? Finden Sie sie eingebildet, denken Sie, ich hätte eine zu hohe Meinung von mir? Das ist jedenfalls eine sehr häufige Reaktion. Aber ein Mensch, der sich bedingungslos liebt, hat zwar eine gute Meinung von sich, aber keine, die ihn über andere Menschen erhebt. Wenn ich mich liebe, weil ich so unendlich toll, so klug, so unfehlbar, so viel wertvoller als andere Menschen bin, dann wäre das zweifellos eingebildet und ich würde mich über andere Menschen stellen. Das wäre dann aber eben keine bedingungslose Liebe, sondern bedingte. Und bedingte Liebe hat immer ihre Grenzen. So toll kann kein Mensch sein, dass er sich immer bedingt lieben könnte. Aber um mich bedingungslos zu lieben, muss ich eben gar nicht immer toll sein. Und ich weiß dann natürlich auch und kann es auch jederzeit zugeben, dass ich Fehler mache, dass ich mich manchmal sehr blöd verhalte, dass ich Dinge tue, die weder schlau noch liebevoll sind. Ich weiß, dass ich ganz genauso viele Grenzen und Möglichkeiten habe wie jeder andere Mensch. Ich bin ein Mensch unter Menschen. Und jeder bekommt die gleiche bedingungslose Liebe wie ich. So ist die bedingungslose Liebe. Sie kann sich gar nicht über andere Menschen erheben.

Anregung:
Stellen Sie sich einmal vor den Spiegel und sagen Sie laut und deutlich: »Ich liebe mich bedingungslos«, und dann noch einmal etwas anders formuliert: »Liebe/Lieber ... (Ihr Vorname), ich liebe dich bedingungslos!« Achten Sie auf Ihre Reaktionen. Fällt es Ihnen leicht, fällt es Ihnen schwer, ist es vielleicht sogar ganz unmöglich? Fangen Sie an, Ihre Fehler aufzuzählen, das, was Ihnen an Ihnen nicht gefällt? Das können Sie ruhig tun und dann sagen: »Stimmt, es ist nicht alles super, aber das macht nichts, das kümmert die bedingungslose Liebe nicht, das darf alles sein. So wie du bist, mit allem, was du bist, bist du okay und ich liebe dich ganz und gar.« Wie fühlt sich das an? Können Sie das zulassen oder nicht? Entspannt es Sie, wenn Sie diese Worte hören, oder werden Sie eher noch angespannter? Wenn Sie sehr angespannt sind, sagen Sie sich: »Okay, das ist sehr schwer für dich, das geht jetzt noch nicht. Du brauchst noch Zeit. Das ist auch in Ordnung. Aber an dieser Sache mit der bedingungslosen Liebe scheint etwas dran zu sein. Wir bleiben am Ball!«

LEBEN IN DER ANGST – LEBEN IN DER LIEBE

Sie merken es schon: Die bedingungslose Liebe ist toll und sich von ihr tragen zu lassen, macht das Leben sehr angenehm. Aber die Realität der meisten Menschen sieht anders aus. Die meisten Menschen in unserer Gesellschaft leben in einem Zustand, den ich »Leben im Angstuniversum« nenne. Das ist ein Zustand ohne eine gute Beziehung zu einem liebenden Gott. Das Leben, das eine Person führt, die sich in Gott bedingungslos geliebt und aufgehoben fühlt, nenne ich »Leben im Liebesuniversum«.

Kein Mensch lebt sein ganzes Leben lang ausschließlich in der Angst oder in der Liebe. Wir wechseln zwischen beiden Universen hin und her. Aber in einem der beiden Universen fühlen wir uns vertrauter, heimatlicher als in dem anderen. Wenn das das Angstuniversum ist, werde ich immer wieder dahin zurückkehren, auch wenn ich zwischendurch Bekanntschaft mit der bedingungslosen Liebe mache. Und wenn ein grundsätzlich im Liebesuniversum beheimateter Mensch eine sehr beängstigende Erfahrung macht, wird er sicher kurzfristig im Angstuniversum landen. Aber er wird alles daransetzen, dort sehr schnell wieder herauszukommen.

Über das Angstuniversum berichte ich ausführlich, eben weil es im Leben so vieler Menschen und darum auch in unserem Zusammenleben als Gesellschaft eine so ungeheuer große Rolle spielt. Und weil es für unsere Beziehung zu Gott entscheidend ist, ob wir im Angstuniversum leben oder nicht.

Das Angstuniversum

Im Angstuniversum befinde ich mich, wenn ich glaube, dass es möglich ist, dass ich aus der Liebe herausfalle. Wenn ich glaube, dass ich von anderen Menschen getrennt sein kann, und wenn ich glaube, dass Gott entweder überhaupt nicht da ist, sich von mir abgewendet hat oder abwenden könnte. Im Angstuniversum meine ich, dass ich zwar, wenn ich Glück habe, bedingte Liebe erhalten kann, aber niemals bedingungslose. Und die bedingte Liebe kann mir jederzeit genommen werden, also habe ich immer Angst. Im Angstuniversum ist Gott, wenn er überhaupt da ist, entweder sehr kritisch und leicht kränkbar und bestraft mich, wenn ich etwas falsch mache. Oder er ist mir und meinem Schicksal gegenüber gleichgültig, er hat Lieblinge, zu denen ich nicht gehöre.

Angst entsteht immer dann, wenn Getrenntsein im Raum steht. Wenn ich hier über Angst spreche, dann meine ich damit nicht die physiologische Reaktion, die entsteht, wenn jemand Sie mit einer Pistole bedroht oder Ihnen an einer achtspurigen Autobahn sagt, Sie mögen diese überqueren. Diese physiologische Reaktion ist überlebensnotwendig und hilft bei der unmittelbaren Bewältigung der Situation.

Ich rede in diesen Fällen nicht von Angst, sondern von Alarm. Sie werden zum Teil in anderen Büchern andere Definitionen mit anderen Sprachregelungen finden. Mir ist nur wichtig, dass Sie wissen, dass es um diese Reaktion nicht geht, wenn ich das Wort Angst verwende. Und wenn ich »die Liebe« schreibe, dann meine ich damit ab jetzt immer die bedingungslose Liebe. Sie ist die ursprüngliche Liebe, die, die die Quelle allen Lebens ist.

Wir bekommen Angst, wenn wir glauben aus der Liebe herausgefallen zu sein oder herausfallen zu können. Angst hat immer etwas mit dem Gefühl von Trennung zu tun. Was ist es, das Ihnen Angst macht? **Erst einmal ist das, was Ihnen Angst macht, immer etwas, das in der Zukunft liegt.** Auch das ist ein wichtiger Unterschied zur physiologischen Reaktion ddes Alarms, die immer auf das Hier und Jetzt bezogen ist. Z**udem hat die Angst immer mit dem Gedanken zu tun, nicht mehr liebenswert zu sein, nicht mehr dazu zu gehören, allein zu bleiben.**

Denken Sie an eine beliebige Situation, die Ihnen im Moment Angst macht oder in der Vergangenheit Angst gemacht hat. Woran haben Sie gedacht? An die Angst, eine Situation nicht zu schaffen, zu scheitern? An die Angst, gemobbt zu werden, nicht verstanden, angegriffen? Die Angst vor Einsamkeit? Die Angst vor dem Verlust geliebter Menschen? Die Angst vor Schmerzen? Vor all diesen Situationen müssten Sie keine Angst haben, wenn Sie keine Vorstellung davon hätten, dass Sie von anderen Menschen oder von einem liebenden Gott getrennt werden können. Wenn Sie wüssten, dass die Liebe Sie immer in der Verbindung, in Geborgenheit, Wärme und Wertschätzung hält. Die Liebe kann helfen, die Angst – und zwar jede Angst – zu bewältigen. Dafür ist es erst einmal wichtig, sich klarzumachen, dass Liebe und Angst niemals gleichzeitig da sein können. Liebe löst Angst immer auf.

Und die erlebte Abwesenheit von Liebe führt immer zur Angst. Sie können sich sicher an Situationen erinnern, in denen Sie große Angst hatten, und dann kam jemand, der Ihnen Liebe und Geborgenheit vermittelt hat, und schon hatten Sie keine Angst mehr. Und andersherum an Situationen, in denen Sie sich geborgen und wohlgefühlt haben, und dann passierte etwas, das die Idee von Trennung in den Raum stellte (ein Vorgesetzter herrschte Sie an, Sie hatten einen Konflikt mit Ihrem Lebenspartner, das Finanzamt meldete sich oder was auch immer), und Sie erlebten Angst, die Geborgenheit und Wärme war weg.

Menschen, die sich in ihrem Leben nicht ausreichend bedingungslos geliebt fühlen konnten, kennen die Möglichkeit der Angstbewältigung durch Rückkehr zur Liebe nicht. Wenn sie Angst erleben, sagen sie sich nicht: »Aha, ich bin aus der Liebe herausgefallen, jetzt aber schnell wieder zurück zur Liebe«, sondern sie hören auf die Angst, die etwas völlig anderes sagt. Die Angst sagt: »Es gibt eine Gefahr, und um diese Gefahr zu bannen, musst du die Situation unter Kontrolle bekommen. Um die Situation kontrollieren zu können, musst du sie zunächst einmal beurteilen. Du musst wissen, wer an der Situation schuld ist und wer oder was geändert werden muss, um auf die Situation Einfluss zu nehmen. Du musst genau wissen, wie die Situation in der Zukunft aussehen kann und was du dann tun kannst.«

Die Angst überlässt Sie also nicht vertrauensvoll dem Fluss des Lebens und den Wegen, die das Leben Ihnen schon weisen wird, sondern sie verlangt von Ihnen, die Kontrolle zu erlangen. Sie müssen die Situation in den Griff bekommen, sonst wird alles noch schlimmer. Und um kontrollieren zu können, brauchen Sie das Urteil. Sie müssen wissen, was richtig ist und was falsch. Sie müssen wissen, wer in der Situation der »Böse« ist, der Täter und wer das Opfer.

Nehmen wir mal eine ganz einfache Alltagssituation: Sie sind gut drauf, das Leben läuft gerade so einigermaßen. Sie sind am Abend mit einer Freundin oder einem Freund verabredet und darauf freuen Sie sich. Jetzt kriegen Sie eine Nachricht: »Kann heute Abend nicht, melde mich.« Sie sind enttäuscht und traurig und dann tritt die Angst auf den Plan. Sie fragt: »Was soll das denn, das ist ja wohl nicht in Ordnung. Ist die andere Person jetzt unverschämt oder habe ich etwas falsch gemacht? Habe ich ihr beim letzten Mal nicht richtig zugehört, habe ich irgendetwas gemacht, was sie verärgert hat? Oder ist die andere Person lieblos, unfreundlich, gleichgültig?« Damit die Situation unter Kontrolle gebracht werden kann, muss ich wissen, ob ich der Täter bin, der angegriffen werden muss, oder die andere Person. Für die Angst gibt es immer einen Täter und ein Opfer. Möglichst sollte natürlich lieber der andere der Täter sein als ich, das wäre angenehmer. Andererseits ist es besser, wenn ich der Täter bin, denn an mir kann ich arbeiten, am anderen nicht. Das Problem ist nur, dass ich mir nie hundertprozentig sicher sein kann. Weder wer denn nun der Täter und wer das Opfer ist, noch, dass ich dafür sorgen kann, dass die Situation in Zukunft nicht mehr geschieht. Die Situation ist jedenfalls unerträglich und muss bekämpft werden. Ich muss etwas tun, sonst halte ich sie nicht aus. Die Angst muss immer etwas tun. Das hängt unter anderem damit zusammen, dass die Angst, die aus dem Herausfallen aus der Liebe entsteht, im Gehirn dieselben Strukturen aktiviert wie die physiologische Alarmreaktion bei tatsächlicher unmittelbarer Bedrohung. Aktiviert wird das Kampf-Flucht-System und das kann entweder aggressiv kämpfen oder ängstlich fliehen, je nachdem, wie die Kräfteverhältnisse in der Situation wahrgenommen werden. Halte ich mich dem Gegner für gewachsen oder sogar überlegen, wird sich der Organismus für Kampf entscheiden und entsprechende Kräfte aktivieren. Wenn ich mich für unterlegen halte, werde ich eher versuchen zu fliehen und mein Organismus wird dafür die entsprechenden Vorkehrungen treffen. Deswegen hilft es manchen Menschen in Konfliktsituationen, Sport zu treiben und so ihre »Kampfreaktion« auszuführen. Anderen hilft es, sich ins Bett zurückzuziehen und sich selbst auf diese Weise die Flucht zu ermöglichen.

Eins jedenfalls kann die Angst mit den entsprechenden Hirnaktivitäten nicht besonders gut: besonnen nachdenken und konstruktive Lösungen finden. Darum können Sie mit einem Menschen, bei dem dieses Hirnareal aktiviert ist, niemals vernünftig reden. Das liegt dann nicht daran, dass dieser Mensch nicht vernünftig sein will, er kann es in dem Moment tatsächlich nicht. Er müsste erst wieder aus diesem Zustand herauskommen. Das Problem ist allerdings: Die entsprechende Hirnaktivität ist ursprünglich nur für reale unmittelbare Bedrohungssituationen gedacht gewesen. Und diese haben einen klar definierten Anfang und ein klar definiertes Ende. Entweder bin ich erfolgreich geflohen und habe mich in Sicherheit gebracht oder ich bin siegreich aus dem Kampf hervorgegangen oder der Kampf wurde aufgrund eines Gleichgewichts der Kräfte eingestellt. Wenn die Situation beendet ist, wird die Kampf-Flucht-Reaktion im Gehirn gestoppt und das Gehirn schaltet um auf andere Areale, die zum Beispiel Heilung von Wunden ermöglichen, wenn dies nötig ist.

Bei einer potenziellen Bedrohung durch ein Herausfallen aus der Liebe weiß das Gehirn nie so ganz, wann die Situation beendet ist und wann es Ruhe geben kann. Denn die Situation ist ja gar nicht wirklich erfolgt, sie fand nur in unserem Kopf statt. Am ehesten könnte sich das Gehirn dann beruhigen, wenn es ein klärendes Gespräch geben konnte oder ich eine schlüssige Erklärung für das Verhalten meines Gegenübers erhalte. Für das Beispiel oben könnte diese sein, dass die Mutter des Freundes oder der Freundin kurzfristig ins Krankenhaus musste und zum Verständigen über die kurze Zeile hinaus keine Zeit war.

Ein klärendes Gespräch steht allerdings dann schon unter einem schlechten Stern, wenn die Angst mir suggeriert, dass es auf jeden Fall einen Täter und ein Opfer geben muss. Wie gesagt, die Angst denkt immer in diesen Kategorien. Denn dann werde ich entweder meinem Gegenüber Vorwürfe machen und das wird meinem Gegenüber vermutlich nicht besonders gut gefallen. Oder ich mache mir selbst Vorwürfe und begegne meinem Gegenüber dann als Unterlegene, was ein Gespräch auf Augenhöhe verhindert.

Und genau diese Augenhöhe bräuchte es für ein klärendes Gespräch. Das Ziel eines solchen Gesprächs ist es ja, dass die Liebe wieder fließt, damit die Angst aufhört. Die Liebe fließt aber nicht zwischen Menschen, bei denen sich einer »oben« befindet und einer »unten«. Das ist nicht möglich. Die Liebe fließt nur, wenn sich zwei Menschen auf Augenhöhe begegnen, als Menschen unter Menschen. Und wenn einer der Täter ist und der andere das Opfer, wenn einer alles richtig gemacht hat und der andere alles falsch und das Gespräch dazu dient, auszufechten, wer jetzt der Täter und wer das Opfer ist, dann gibt es natürlich keine Augenhöhe und dann wird auf gar keinen Fall die Liebe fließen. Also hört auch die Angst nicht auf. Das ist auch der Grund, warum wir in Konfliktsituationen so oft nicht aufhören können zu grübeln. Unsere Lieben sagen vielleicht schon, wir sollten das Thema doch nun endlich einmal loslassen. Wir wissen auch, dass das besser wäre, aber es gelingt uns nicht. Das ist immer ein sicheres Zeichen dafür, dass wir uns in den Fängen der Angst befinden. Und die Angst gibt uns einfach niemals die Botschaft: »Alles okay, die Sicherheit ist wiederhergestellt, wir können uns jetzt etwas anderem zuwenden.« Die Angst kann dieses Gefühl der Sicherheit nicht herstellen, das kann nur die Liebe. Darum bleiben wir so oft in Grübelschleifen stecken.

Im Angstuniversum gibt uns die Angst also permanent Anweisungen, die zu allem Möglichen führen, nur zu einem niemals: die Angst zu reduzieren. Denn die Angst kommt einfach nicht auf die Idee – weil sie das nicht kann –, das

Naheliegende zu tun: die Liebe wieder fließen zu lassen. Das ist das Paradoxe an der Angst. Sie sagt uns: »Wenn du die Situation kontrollierst, wenn du kämpfst oder erfolgreich fliehst, dann wirst du keine Angst mehr haben.« Aber das stimmt leider nicht, das Gegenteil ist der Fall. Angst ist nicht Liebe, Kontrolle ist nicht Liebe, Kampf oder Flucht sind nicht Liebe. Die Suche nach Schuld ist nicht Liebe, das Urteil ist nicht Liebe, die Einteilung der Welt in Täter und Opfer ist nicht Liebe. Die Vorschläge der Angst vermehren die Angst, weil sie uns immer weiter wegtreiben von der Liebe. **Und einzig und allein die Liebe hilft gegen die Angst. Nichts anderes. Niemals.**

Anregung:
Denken Sie an eine Situation, die Ihnen Angst macht und bei der andere Menschen als potenzielle »Gegner« beteiligt sind. Machen Sie sich bewusst, welche Lösungsvorschläge die Angst hat. Und dann nehmen Sie wahr, wie diese Stimme der Angst in Ihrem Körper wirkt. Fühlen Sie sich entspannt, haben Sie ein offenes Herz? Sicher nicht. Und alles, was die Angst vorschlägt, vermehrt diese Anspannung nur. Wenn Sie aufmerksam in sich hineinspüren, werden Sie das bemerken.
Vielleicht gelingt es Ihnen jetzt, einen Gedanken der Liebe zu denken, vielleicht indem Sie sich daran erinnern, wann die Liebe oder zumindest der Respekt zwischen Ihnen und Ihrem Gegenüber einmal geflossen ist. Ändert das etwas an der Spannung in Ihrem Körper? Wenn nicht, haben Sie Geduld mit sich. Lassen Sie die Situation erst einmal so stehen und kommen Sie gegebenenfalls später noch einmal darauf zurück.

Kontrollmechanismen der Angst

Gewissen/Schuldgefühle

Die Angst verwendet nicht nur den ursprünglich sinnvollen Kampf-Flucht-Reflex für ihre Zwecke, sondern auch ein anderes, in seinem Ursprung nützliches Prinzip, nämlich das Schuldgefühl. Ich mache einen Unterschied zwischen Schuldgefühlen und Gewissen, wohl wissend, dass es in der Literatur unterschiedliche Sprachregelungen gibt. So verwende ich die Begriffe:

Das **Gewissen** ist uns Menschen angeboren. Es ist so etwas wie die uns allen innewohnende Menschlichkeit. Die Quelle des Gewissens ist die Liebe und das Wissen um die Verbundenheit aller Menschen untereinander und um die Tatsache, dass wir auf Verbindung angewiesen sind und Trennung uns schadet. Insofern wird das Gewissen sich immer dann melden, wenn wir etwas tun, was der Liebe widerspricht, also lieblos ist. Das Gewissen ist von kultureller Prägung unabhängig und äußert sich als Stimme aus unserem Inneren. Das Gewissen weiß, dass wir uns selbst verletzen, wenn wir einem anderen Menschen schaden. Darum wird es Gewalt, Lügen, Verrat, Manipulation und was es noch alles gibt, was Menschen schadet, niemals zustimmen. Und das Gewissen macht keinen Unterschied zwischen mir und den anderen. Ich bin auch ein Mensch, dem niemand schaden darf. Das Gewissen meldet sich also nicht nur, wenn ich andere Menschen verletze, sondern auch, wenn ich mir selbst etwas antue.

Das Gewissen ist sehr klar und lässt sich nicht ausschalten, wenn ich schädigendes Verhalten zeige. Es verlangt von uns eine Änderung unseres Verhaltens, gegebenenfalls eine Entschuldigung, eine Wiedergutmachung oder was immer nötig ist, damit die Liebe wieder fließt. Haben wir das von ihm geforderte Verhalten gezeigt, ist das Gewissen zufrieden und lässt uns in Ruhe. Leider können wir Menschen unser Gewissen aber auch überhören. Wenn das nicht möglich wäre, wäre die Welt ein anderer Ort. Wir können, wenn es hart auf hart kommt, ein Leben lang mit einem schlechten Gewissen existieren. Eins geht allerdings nicht: uns wohlzufühlen, wenn das Gewissen uns plagt. Auch dann nicht, wenn wir alles tun, um es zu ignorieren. »Ein gutes Gewissen ist ein sanftes Ruhekissen.« Dieser Spruch ist nur zu wahr. Wenn wir unserem Gewissen nicht folgen, heißt das, dass die Liebe nicht mehr fließt. Das heißt auch, dass wir uns nicht mehr geliebt fühlen können, nicht von uns selbst, nicht von anderen und nicht von Gott. Und dann können wir kein gutes Leben mehr führen.

Im Extremfall kann das dazu führen, dass wir krank werden. Von vielen ranghohen Nazis ist bekannt, dass sie chronisch krank waren. Das ist vor dem Hintergrund dieses Wissens wirklich nicht erstaunlich. Das heißt natürlich nicht, dass ein Mensch, wenn er krank wird, immer ein schlechtes Gewissen hat. Dafür kann es eine Menge anderer Gründe geben. Aber gesund und zufrieden zu leben, mit sich und der Welt im Reinen, das ist mit einem schlechten Gewissen niemals möglich.

Etwas ganz anderes als das Gewissen ist das **Schuldgefühl.** Dieses wird durch Sozialisation erworben und ist immer davon abhängig, in welcher Gesellschaft mit welchen Regeln wir aufwachsen. Ursprünglich ist das Schuldgefühl einfach so eine Art »Bis hierhin und nicht weiter«, das verhindern soll, dass ein Mensch sich außerhalb seines Stammes stellt. Denn in früheren Zeiten war das Einhalten der Gesetze eines Stammes für das Überleben des Einzelnen von zentraler Bedeutung. Auch diese im Grunde sinnvolle Reaktion nutzt die Angst, um Kontrolle über eine Situation zu bekommen. Sie sagt so etwas wie: »Du musst die Regeln einhalten und darfst nichts tun, was Anstoß erregen könnte. Dann wird dir nichts passieren. Ich werde darüber wachen, dass du auch alles richtig machst, und wenn nicht, werde ich dir Schuldgefühle verursachen.« Das Problem dabei ist nur: In unserer hochkomplexen Gesellschaft gibt es keine einfachen Regeln mehr, die man einhalten kann, und dann ist alles gut. Wir leben immer in ganz unterschiedlichen Kontexten und Rollen und in diesen entstehen sehr unterschiedliche Anforderungen. Das ist ein Thema, über das alle Menschen ein Lied singen können, die sich in einer sogenannten Doppelbelastung von Beruf und Privatleben befinden. Im Beruf gelten völlig andere Regeln als für mein privates Leben. In der Rolle als Bankkauffrau wird beispielsweise ein anderes Verhalten als »richtig« eingestuft werden als in der Mutterrolle. Wenn ich also im Beruf alles richtig mache, dann heißt das noch lange nicht, dass mein Schuldgefühl mich in Ruhe lässt, denn da wäre dann ja noch das Privatleben. Das Schuldgefühl sagt dann so etwas wie: »Toll, dass du den

Abschluss bei der Arbeit so gut hinbekommen hast, und der Chef war ja auch recht zufrieden. Aber du musstest natürlich in dieser Zeit deine Kinder vernachlässigen. Du hast zum Beispiel kein Kostüm genäht für Karneval, sondern nur eins gekauft. Die anderen Kinder hatten zum Teil so tolle Kostüme, die die Mütter selbst gemacht haben. Dein Kind hat sicher gelitten, weil es nur ein gekauftes Kostüm hatte. Das muss beim nächsten Mal besser werden.« Kommt Ihnen das irgendwie bekannt vor? Auch wenn das Beispiel auf Sie nicht passt, können Sie sicherlich Erfahrungen aus Ihrem Leben beisteuern, in denen Sie Ähnliches erlebt haben.

Es ist geradezu ein Kennzeichen der Schuldgefühle, die aus der Angst heraus entstehen, dass sie niemals aufhören. Es gibt auch hier nicht den einen Moment, in dem die Angst sagt: »Alles okay, alles erledigt, ich bin zufrieden, du kannst dich entspannen.« Das Schuldgefühl findet immer noch etwas, das nicht erledigt wurde. Und das führt dann wieder dazu, dass der Mensch sich nicht entspannen kann, die Liebe nicht fließt und die Angst nicht vergeht.

Während man auf das Gewissen immer hören sollte, sollte man Schuldgefühle immer ignorieren. Manchmal sagen natürlich beide das Gleiche und dann sollte man entsprechend handeln, denn dann ist die Stimme der Liebe mit im Spiel.

Wie erkennt man nun aber den Unterschied? Erst einmal können Sie darauf achten, ob Sie die Stimme, die mit Ihnen spricht, eher aus dem Bereich Ihres Herzens oder Bauches hören oder eher aus dem Kopf oder sogar von außerhalb.

Die Herzens- oder Bauchstimme ist normalerweise die Stimme der Liebe. Die Stimme der Liebe, also des Gewissens, ist sehr eindeutig und klar, aber sie ist niemals herabwürdigend. Und sie macht ganz genau deutlich, was Sie tun sollen. Wenn Sie das dann getan haben, fühlen Sie sich dauerhaft gut, entspannt, befreit. Die Stimme des Schuldgefühls ist, eben weil die Angst sie benutzt, streng, oft sehr herablassend und Sie wissen schon von vornherein, dass Sie sie nicht zufriedenstellen können. Oder wenn, dann nur für kurze Zeit. Sie spüren die Anspannung und werden sie einfach nicht los, egal wie sehr Sie sich anstrengen.

Auf Schuldgefühle nicht mehr zu hören ist eine sehr große Befreiung, aber auch nicht ganz einfach. Ohne die bedingungslose Liebe geht das nicht.

Bleiben wir zunächst jedoch noch ein wenig beim Angstuniversum, um es noch besser zu verstehen. Sie merken wahrscheinlich schon, wie stark die Macht der Angst im Alltag der meisten Menschen in unserer Gesellschaft ist.

Sie räumen der Stimme der Angst die höchste Autorität in ihrem Leben ein. Ab und zu darf sich auch mal die Liebe melden. Aber wenn Angst und Liebe unterschiedliche Wege einschlagen wollen, **wird dem Weg der Angst letztlich immer der Vorrang gegeben. Und leider bedeutet das: Die Angst wird nicht kleiner, sondern immer größer.** Auch wenn die Angst immer den Eindruck erweckt, als würde sie uns weniger quälen, wenn wir nur alles tun, was sie sagt.

Angst und Perfektionismus

Ein weiterer Kontrollmechanismus der Angst, mit dem sie uns Sicherheit verspricht, ist der Perfektionismus. Da die Angst nicht damit leben kann, dass Bedingungen nicht erfüllt werden, weil sie die bedingungslose Liebe nicht kennt, wird sie sich nicht damit zufriedengeben, wenn etwas gut ist. Nein, gut reicht nicht, es muss perfekt sein. Aber wann ist etwas perfekt? Nie! Perfektion ist in lebendigen Systemen nicht möglich, denn lebendige Systeme wachsen und verändern sich und das heißt, sie sind nie »fertig«. Und »perfekt« heißt »fertig«, zu Ende, es gibt nichts mehr zu tun, keine Entwicklung mehr. Die Angst sagt: »Wenn du deine Aufgabe perfekt erledigst, dann bin ich zufrieden mit dir und dann wirst du keine Angst mehr haben. Solange es allerdings nicht perfekt ist, musst du Angst haben, denn das könnte jemand bemerken und dich deswegen angreifen. Nur das Perfekte ist unangreifbar und dadurch sicher.« Auch hier stellt die Angst wieder in Aussicht, dass Ihr Verhalten dazu führen könnte, dass Sie irgendwann keine Angst mehr haben, sich also sicher fühlen. Aber auch hier verlangt die Angst wieder etwas, was niemand erreichen kann. Das Ziel, perfekt sein zu wollen, ist von vornherein zum Scheitern verurteilt und darum wird die Angst durch dieses Ziel niemals kleiner, sondern nur immer wieder größer. Dazu kommt, dass Sie sich, wenn Sie perfektionistisch sind, an Ihren Fortschritten und Erfolgen oder auch nur an Ihrer Kreativität und Schaffenskraft nicht freuen können, denn egal, was Sie tun, perfekt ist es nie, also auch nicht so, dass Sie keine Angst mehr zu haben brauchen. Sie können nicht entspannen, nicht genießen. All die wunderbaren Freuden des Lebens ziehen ungefühlt an Ihnen vorbei. Irgendwann merkt das die Angst dann natürlich und wirft Ihnen vor, dass Sie Ihr Leben gar nicht richtig wahrnehmen. Sie lassen es einfach so vorbeigehen! Das geht ja gar nicht! Zu einem perfekten Leben gehört natürlich dazu, dass man dieses Leben auch genießt und wertschätzt, also los: genießen und wertschätzen! Und weil Sie das nicht auf Kommando können, fühlen Sie sich noch unzulänglicher. Ihre Angst wächst, Ihr Perfektionismus wächst, Ihre Schuldgefühle wachsen, Ihre Anspannung wächst, wodurch Ihr Leistungsvermögen sinkt. Was Ihre Angst gleich wieder erhöht und den Perfektionismus anstachelt. Was für ein Teufelskreis!

Vergleich mit anderen Menschen, Unterlegenheit/Überlegenheit

Was hat die Angst als Kontrollmechanismus noch auf Lager? Den Vergleich mit anderen Menschen zum Beispiel. Die Angst will immer wissen, wie ich in Bezug auf andere Menschen dastehe. Und da sie die Liebe nicht kennt, das Gefühl, ein Mensch unter Menschen zu sein, kann sie sich in Bezug auf andere nur überlegen oder unterlegen fühlen. Sich als überlegen anzusehen fühlt sich gut an, allerdings besteht die Gefahr, dass mich etwas von meinem Sockel herunterstößt. Da muss ich schon sehr aufpassen, dass das nicht passiert. Sich unterlegen zu fühlen ist sehr schlecht, passiert aber leider auch oft. Denn die anderen bekommen ihr Leben sichtlich besser auf die Reihe. Sie haben auch nicht so oft Angst. Sie gehen alles viel entspannter an. Das Leben meint es vielleicht einfach besser mit ihnen. Das ist ungerecht, aber so ist es nun mal. Damit ich mich nicht gar so unterlegen fühle, muss ich immer darauf achten, an welchen Punkten ich besser bin als die anderen, und das dann auch deutlich machen. Das gefällt den anderen natürlich nicht so gut. Das führt dann wieder dazu, dass die Liebe nicht so recht fließt. Die anderen mögen mich irgendwie nicht so gerne, wie sie andere mögen. Warum eigentlich nicht? Die Angst hat doch versprochen, dass ich mich besser fühle, wenn ich auf sie höre. Ich mache es wahrscheinlich einfach noch nicht gut genug, ich muss mich noch mehr anstrengen.

Damit ich entscheiden kann, ob ich einem anderen Menschen unter- oder überlegen bin, ist es wichtig, dass ich die Welt einteilen kann in Gut und Böse, in Richtig und Falsch, Schwarz oder Weiß. Die verschiedenen bunten Farben der Welt und die Komplexität des Lebens mag die Angst nicht, sie weiß lieber sehr genau, wo es langgeht. Dadurch entsteht enormer Druck, denn ich darf mich in der Einschätzung, was richtig ist und was falsch, nicht irren.

Für die Angst bedeutet Verletzlichkeit oder zuzugeben, dass man einen Fehler gemacht hat, nicht weiterweiß, nicht mehr kann, unerträgliche Unterlegenheit. Darum kann sie nicht um Hilfe bitten und sich nicht entschuldigen. In jeder Begegnung wird die Angst anderen Menschen gegenüber misstrauisch sein, sie erlaubt sich nicht, sich zu entspannen. Denn dann könnten Fehler auftreten oder wir könnten verletzt werden. Dann wären wir unterlegen und das darf die Angst nicht zulassen.

Hat der arme Mensch, der sich im Angstuniversum befindet, allmählich Ihr Mitgefühl? Meins bekommt er auf jeden Fall.

Ich vermute, dass Sie bis hierhin etwas gelesen haben, das Ihnen bekannt vorkam. Mir jedenfalls ist das alles nur zu gut vertraut, aber Gott sei Dank aus der Vergangenheit. Ab und zu kommt die Angst auch bei mir noch vorbei, aber ich weiß mittlerweile, wie es geht, sie tatsächlich zu beruhigen. Nicht mit Kontrolle, sondern mit Liebe. Einen anderen Weg gibt es nicht.

Anregung:
Welches der Themen aus dem »Angstuniversum« hat Sie besonders angesprochen? Betrachten Sie einmal die letzte Woche oder auch nur die vergangenen Tage und machen Sie sich bewusst, ob und wann Sie in den Fängen des Angstuniversums waren. Gibt es dabei Reaktionen, die Sie als typische Muster von sich erkennen? Und können Sie hinter diesen Mustern die Angst erkennen, die verzweifelt versucht, sich endlich wieder sicher zu fühlen? Wenn sich diese Erkenntnis für Sie ergibt, haben Sie jetzt eine Chance, alte Muster wirklich dauerhaft zu verändern. Mithilfe der Liebe. Wie das geht, dazu kommen wir noch.

Gott im Angstuniversum

Wie sieht eine von Angst geprägte Beziehung zu Gott aus? Der Gott im Angstuniversum liebt nicht bedingungslos, sondern seine Liebe kommt und geht, je nachdem, wie gut es gelingt, diese Liebe zu verdienen. Das heißt, es entsteht immer Angst vor dem Verlust dieser Liebe und die Angst gibt – wie oben beschrieben – Hinweise, wie das verhindert werden soll. Der Gott im Angstuniversum ist genauso wie eine höchste menschliche Autorität, die nicht bedingungslos liebt und deren Liebe man sich nie sicher sein kann. Nur noch sehr viel mächtiger und deshalb noch viel beängstigender. Über eine menschliche Autorität aus der Kindheit kann man irgendwann hinauswachsen. Wobei schon das bekanntlich nicht so einfach ist. Wie könnte es sonst sein, dass erwachsene, sogar alte Menschen noch damit hadern, dass sie von der wichtigsten Autorität ihrer Kindheit nicht bedingungslos geliebt und wertgeschätzt wurden? Und das, obwohl diese Autorität unter Umständen schon seit Jahren tot ist. Dennoch ist es möglich, über die mangelnde Liebe der Eltern hinauszuwachsen. Aber über die mangelnde oder unsichere Liebe Gottes? Wie soll ich mich von einer Autorität befreien, die über allem steht, über die ich selbst niemals hinwegwachsen kann? Das erscheint unmöglich.

Im Angstuniversum ist Gott tatsächlich sehr menschlich und er trägt eindeutige Züge einer menschlichen Autorität, deren Liebe nicht bedingungslos ist. Wenn wir nicht tun, was er verlangt, wird er zornig und bestraft uns. Nur wenn wir klein beigeben und uns selbst anklagen als falsch und schlecht und bekennen, dass wir einsehen, wie schlecht wir waren, ist er wieder gut mit uns. Aber nicht dauerhaft. Die Zuwendung wird wieder verloren gehen, wenn wir wieder etwas falsch machen. Dieser Gott verlangt unbedingten Gehorsam, ganz egal, wie unsinnig uns erscheinen mag, was er von uns verlangt. Dass wir selbst denken und selbst Entscheidungen treffen, will dieser Gott nicht.

Im Extremfall droht dieser Gott uns sogar mit ewiger Verdammnis. Das heißt, es gibt Dinge in uns oder unserem Verhalten, die dazu führen, dass wir niemals in Gottes Liebe zurückkehren können. Und dann wird gegebenenfalls auch noch die Idee einer bösen, natürlich dunklen Macht eingeführt: der Teufel, der die Menschen verführt, wenn sie nicht aufpassen. Das heißt, der Mensch kann nie ganz sicher sein, ob die Impulse, die sich in ihm finden, von Gott gesandt sind, oder ob es nicht doch im Grunde Ideen sind, die der Teufel ihm eingibt. Wenn er dem Teufel folgt oder eben auf andere Weise Dinge tut, die Verdammnis nach sich ziehen, dann wird er die Liebe für immer verlieren.

Und das ist die entsetzlichste Drohung, die es für Menschen gibt!

Denn nichts ist schlimmer für einen Menschen als das Gefühl, nicht mehr geliebt zu werden. Selbst die Angst vor dem Tod ist nicht so schlimm. Jedenfalls nicht, wenn wir uns sicher sind, dass Tod eben nicht Trennung heißt.

Das Problem für den Menschen und seine Beziehung zu einem Gott, der mit der Hölle droht, ist: Der Mensch weiß, dass er, selbst wenn er sich die allergrößte Mühe gibt, nie so gut sein kann, dass er sich dauerhaft vor der ewigen Verdammnis und den Einflüsterungen des Teufels sicher schützen kann. Die Hölle ist immer nur einen Schritt von ihm entfernt. Er mag denken: »Bis heute habe ich es ja geschafft, allen Anforderungen gerecht zu werden und gut genug zu bleiben, um die Verdammnis nicht zu verdienen. Aber was ist morgen und übermorgen? Wird es mir da auch gelingen?« Der zornige, strafende Gott ist ein schrecklicher Gott, aber ein Gott, der mit Verdammnis droht, ist am schlimmsten. Ein Leben, das unter dem Damoklesschwert der ewigen Verdammnis gelebt wird, ist ein Leben ohne die Möglichkeit, echte Freude zu empfinden, Dankbarkeit oder Genuss. All das Wunderbare, was das Leben zu bieten hat, und was es in jedem Menschen zu entdecken gibt, bleibt unbemerkt und ungewürdigt, weil die Angst vor der Verdammnis jede Freude und jedes Wunder letztlich zerstört. Die Idee der Verdammnis bezieht sich nicht nur auf das Leben hier, sie bezieht sich auch noch auf das Jenseits. Das heißt, ich bin nicht nur im Leben verdammt und der Liebe nicht würdig. Den Qualen des Ungeliebtseins werde ich auch nach dem Tod, also in alle Ewigkeit, nicht entkommen. Das ist eine unbeschreiblich brutale Drohung.

Menschen, die mit einem solchen Gott leben müssen, wollen sich nicht ohne Grund von ihm befreien. Häufig versuchen sie es, indem sie sagen: »Ich glaube nicht mehr an Gott, ich brauche Gott nicht, ich lebe besser ohne Gott.« Sie treten aus ihrer Kirche aus, verlassen ihre Gemeinde. Viele lehnen in der Folge alles, was auch nur annähernd mit Glauben und Gott zu tun hat, kategorisch ab. Vielleicht wenden sie sich auch einer Religion zu, die von Gott nicht spricht, wie zum Beispiel dem Buddhismus.

Das Problem für Menschen, die Gott vermeiden wollen, ist: Die Beziehung zu Gott auszulöschen ist nicht möglich, sie bleibt immer bestehen. Wenn diese Beziehung geleugnet wird, kann sie sich nicht verändern. Sie wirkt im Unbewussten weiter. Ich kenne einige Menschen, die verzweifelt versuchen, nicht mehr an die Hölle zu glauben, und es gelingt ihnen nicht. Natürlich sagt ihnen der Verstand, dass es die Hölle gar nicht geben kann, dass das alles Unsinn ist. Sie erklären Gott für tot und unwirksam und der Verstand kann sehr gute Argumente dafür finden. Das ändert aber überhaupt nichts an ihrem Gefühl. Denn Beziehungen werden nicht vom Verstand gesteuert, dafür ist er einfach nicht zuständig. Beziehungen werden vom Herzen gesteuert, und wenn das Herz nicht offen ist für einen bedingungslos liebenden Gott, kann es nicht heilen. Menschen, die den Kontakt zu ihren Eltern abbrechen, um keine Probleme mehr mit ihnen zu haben, werden auch irgendwann merken, dass die innere Beziehung zu den Eltern immer bleibt, egal, ob Kontakt besteht oder nicht. Genauso ist es mit Gott. Es reicht nicht, nicht mehr in die Kirche zu gehen und sich von Religion fernzuhalten. Gott in uns überdauert.

Anregung:
Wenn Sie in irgendeiner Weise religiös sozialisiert sind, dann fragen Sie sich jetzt, welches Bild von Gott Ihnen in erster Linie übermittelt worden ist? Was wurde betont? Die Sündhaftigkeit des Menschen, vielleicht sogar die Gefahr, durch den Teufel verführt zu werden und in der Hölle zu landen? Oder Gottes unendliche Gnade? Wie fühlen Sie sich in Ihrer Beziehung zu Gott? Frei, gut aufgehoben, getragen? Oder verfolgt, misstrauisch beurteilt, streng bewertet? Nehmen Sie diese Reaktion erst einmal nur wahr.

Angstuniversum ohne Gott

Was ist nun aber mit Menschen, die eine nicht bedingungslos liebende höchste menschliche Autorität in ihrer Kindheit erlebt haben, aber gar nicht mit Gott oder Religion sozialisiert sind, Gott also quasi von vornherein in ihrem Leben gar nicht existiert? Diese Menschen leben meistens auch im Angstuniversum, aber wenigstens ohne die Idee der ewigen Verdammnis.

Gott, der straft und verurteilt, wird die Angst verstärken, aber ein Leben ganz ohne Gott ist auch sehr beängstigend. Denn wir Menschen wissen um unsere menschliche Begrenztheit. Manchmal fühlen wir uns sehr schwach, sehr klein und sehr hilflos angesichts von Schicksalsschlägen oder Herausforderungen, die das Leben zu bieten hat. Und wenn dann da nichts ist, das größer ist als wir selbst, weitsichtiger, weiser, dann können wir uns sehr verloren fühlen. Das ist wahrscheinlich der Grund dafür, dass Menschen ohne Gott häufig Menschen, die an einen guten, tragenden Gott glauben, beneiden. Sie spüren, dass diese etwas Gutes haben, was sie auch gerne hätten. Sie merken, dass es Menschen gibt, denen die Beziehung zu Gott – und das ist dann immer der bedingungslos liebende Gott – Kraft gibt, Zuversicht und Gelassenheit angesichts von Schwierigkeiten und Not. Sie meinen aber, dass sie diesen Gott nicht haben können, weil sie nicht religiös sind und sie Religionen aus vielerlei Gründen ablehnen.

Menschen, die nicht an etwas glauben, das größer, klüger und stärker ist als sie selbst, fühlen sich wie Kinder, die nur schwache Erwachsene in ihrem Umfeld haben. Orientierungslos, allein gelassen, frei schwebend. Zudem haben Menschen, die überzeugt sind, dass das alles hier Zufall ist, von Naturgesetzen bestimmt, ohne Herz und natürlich ohne Liebe, ein massives Problem mit dem Gefühl von Sinn. Ein Universum, das auf Zufall und gleichgültigen Gesetzen beruht, erscheint schnell sehr leer, öde und sinnlos. Und wenn dann ein geliebter Mensch stirbt, wird es ganz schlimm. Denn wenn es kein Überdauern gibt, wenn die Beziehung nicht über den Tod hinaus bestehen bleibt, dann ist die Trennung unwiderruflich, dann gibt es keinen Trost und keine Heilung. Menschen mit solchen Glaubensüberzeugungen sind sehr anfällig für Depressionen. Und sie sind auch wesentlich anfälliger für Selbstmord, anfälliger als die, die an einen potenziell verdammenden Gott glauben. Denn Selbstmord wäre für diese eine Todsünde, die die ewige Verdammnis nach sich zieht, kommt also für an die Hölle glaubende Menschen eher nicht infrage. Ein Mensch, der an gar nichts Höheres glaubt und an kein Überdauern, hat die Idee, dass sein Schmerz mit dem Tod endet. Und das macht den Tod, wenn man sich verloren und in Sinnlosigkeit gefangen fühlt, sehr attraktiv.

Es gibt natürlich auch Menschen, die ohne Gott sozialisiert sind, vielleicht weil sie in einer atheistischen Gesellschaft aufgewachsen sind, und die sich trotzdem getragen und gehalten fühlen. Und die, ohne das genau benennen zu können, eine Idee von etwas Höherem haben und von einem Überdauern nach dem Tod. Sie sprechen möglicherweise nie darüber, machen sich auch keine großen Gedanken. Aber sie fühlen sich gut, sie empfinden sich und ihre Existenz als sinnvoll. Sie sind dankbar und können die Wunder der Welt genießen. Diese Menschen haben eine Beziehung zu einem bedingungslos liebenden Gott. Sie nennen es nur nicht so. Wie man es nennt, ist auch vollkommen egal, und ob man einer Religionsgemeinschaft angehört oder nicht, ist für die Beziehung zu Gott auch unwichtig. Wichtig ist einzig und allein das Gefühl, das Grundgefühl, das ich habe und das darüber bestimmt, ob ich im Angst- oder im Liebesuniversum lebe. **Und ein gutes Leben im Angstuniversum ist niemals möglich.**

Ob ein Mensch im Angst- oder im Liebesuniversum lebt, bestimmt seine Beziehung zu Gott und umgekehrt. Ein Mensch im Angstuniversum steht immer in Beziehung zu einem Gott, der seine Liebe gibt und nimmt, je nachdem. Und ein Mensch im Liebesuniversum fühlt sich verbunden mit einem bedingungslos liebenden Gott.

Anregung:
Wenn Sie ohne Gott sozialisiert sind oder die Idee von Gott für sich ablehnen, wie fühlen Sie sich in Ihrem Leben? Haben Sie das Gefühl, gehalten und getragen zu sein, können Sie gut mit Krisen umgehen? Oder erleben Sie Ihr Leben oft als sinnlos? Wenn Sie schon einmal mit dem Tod oder einem anderen großen Verlust konfrontiert waren, wie konnten Sie damit umgehen? Was hat Ihnen geholfen?

Angst oder Liebe: die Kindheit entscheidet

In welchem Universum eine Person sich beheimatet fühlt, hängt also entscheidend davon ab, welche Erfahrung sie mit ihrer höchsten menschlichen Autorität in ihrer Kindheit gemacht hat und wie sich diese Beziehung weiterentwickelt hat. War diese Autorität bedingungslos liebend, wird das Kind, ob explizit oder implizit, eine Beziehung zu einem guten Gott pflegen. Wenn sie nicht bedingungslos liebend war, wächst das Kind zunächst in einem Angstuniversum auf. Selbst wenn zum Beispiel der Pfarrer von einem bedingungslos liebenden Gott spricht, wird das zwar Eindruck auf das Kind machen und vielleicht auch Hoffnung in ihm wecken. Aber im Unbewussten bleibt doch die Beziehung ein Abbild der Beziehung zur menschlichen Autorität, also angstbesetzt. Umgekehrt gilt das Gleiche: Wenn ein Kind zu Hause bedingungslose Liebe erhält und in der Kirche von einem zornigen, strafenden Gott hört, dann wird das seine Gottesbeziehung nicht entscheidend prägen.

Das heißt also, dass die Sozialisation in einer Religionsgemeinschaft und deren Ausrichtung auf einen bedingungslos liebenden oder auf einen zornigen, strafenden Gott nicht so entscheidend für Ihre Beziehung zu Gott ist wie die Erfahrung, die Sie als Kind mit der höchsten menschlichen Autorität gemacht haben.

Wenn Sie im Angstuniversum »festsitzen« und dort gerne herauswollen und wenn Sie sich nach dem Aufgehobensein in den Armen eines allmächtigen, bedingungslos liebenden

Gottes sehnen, dann ist es also nicht so wichtig, welche religiösen Erfahrungen Sie gemacht haben, sondern welche menschlichen Erfahrungen Sie mit Ihrer Herkunftsfamilie verbinden. Wenn in Ihrer Familie die Erwachsenen alle sehr schwach waren und wenig Autorität hatten und der Pfarrer war für Ihre Familie die höchste Autorität, dann ist allerdings dieser Pfarrer entscheidend.

Erwachsenen ist es möglich, diesen Menschen endgültig von Gott zu trennen. Auch wenn uns dieser Mensch als Kind wie Gott vorgekommen ist, er war nicht Gott! Er war ein begrenzter Mensch mit Fehlern und Schwächen und mit einer eigenen Lebensgeschichte, die ihm möglicherweise viele Wunden zugefügt hat. Wenn er nicht die bedingungslose Liebe gegeben hat, die wir gebraucht haben, dann nicht, weil er sie nicht geben wollte. Er konnte nicht. Welcher Mensch, welcher Vater, welche Mutter, welcher Pfarrer oder wer auch immer würde zur Geburt eines Kindes eine Absichtserklärung unterschreiben, in der steht: »Ich möchte, dass dieses Kind zeit seines Lebens unter Angst leidet, dass es sich niemals sicher fühlt, dass es sich immer vergeblich anstrengt. Ich möchte, dass dieses Kind keine Freude empfindet, die Wunder der Welt und das Wunder, das es selbst ist, nicht sehen kann, dass es jeden Tag leidet und sich endlos verloren fühlt. Ich werde alles in meiner Macht Stehende tun, damit es dazu kommt.« Können Sie sich vorstellen, dass irgendein Mensch, und sei er noch so gestört, beim Anblick eines gerade geborenen Babys eine solche Erklärung unterschreiben würde? Ganz sicher nicht. Es war niemals die Absicht Ihrer

Autoritäten, Sie ans Angstuniversum zu ketten. Es ist einfach passiert. Und natürlich haben sich die Autoritäten, die Sie nicht mit bedingungsloser Liebe umhüllen konnten, ebenfalls nicht im Universum der Liebe befunden, sondern in dem der Angst.

Ein Mensch, der die Wahl hat zwischen Angst und Liebe, eine echte Wahl, was wählt der wohl? Ganz egal, ob klein oder groß, arm oder reich, Christ, Jude oder Moslem oder was auch immer. Jeder, ausnahmslos jeder Mensch, der diese Wahl hat, wählt die Liebe. Nur glauben sehr viele Menschen, diese Wahl nicht zu haben.

Kinder haben diese Wahl tatsächlich nicht immer. Ein Kind, das im Angstuniversum lebt, muss von einem Erwachsenen dort herausgeholt werden. Erwachsene können sich nur alleine da herausholen. Sie können natürlich die Hilfe von anderen Menschen, Erwachsenen und Kindern annehmen, sogar die Hilfe von Tieren. Aber den Weg vom Angstuniversum zum Liebesuniversum, den müssen und können sie nur alleine gehen. Und das ist eine gute Nachricht. Denn das heißt, jeder Mensch, der erwachsen ist, hat die Wahl, in welchem Universum er lebt.

Gott und das Universum der Liebe

Der einzige Gott, der uns Menschen wirklich hilft, der dazu führt, dass wir ein gutes, gelungenes Leben führen können, und mit dessen Unterstützung wir wirklich gute Menschen sind, ist der bedingungslos liebende Gott. Deswegen habe ich beschlossen, eine Beziehung zu diesem Gott aufzubauen. Und ich bin selbst nicht mit diesem Gott sozialisiert worden.

Für uns alle gilt: Wenn wir uns von Gott bedingungslos geliebt fühlen, schweigt die Angst und egal, was uns im Leben widerfährt, wir haben immer die Kraft, damit fertigzuwerden. Interessanterweise müssen wir uns, um diesen Gott *nicht* zu fühlen, anstrengen. Wir müssen ihn quasi abwehren. Wenn Menschen sich tief entspannen, alle Sorgen, alle Ängste, alle Grübeleien über das Gestern oder das Morgen loslassen, wenn sie sich erlauben, einfach nur ganz da zu sein ohne Widerstand, dann taucht dieser Gott auf. Immer. Es wird vielleicht nicht so genannt, das spielt auch keine Rolle. **Wichtig ist das Gefühl: zutiefst berührt, frei und geborgen, unendlich lebendig, gemeint, geliebt, wertgeschätzt einfach nur so, für das, was wir sind. Reines Sein. Voller Staunen, Freude und großer Dankbarkeit für das Leben.** Alle Menschen haben irgendwann einmal in ihrem Leben ein solches Gefühl empfunden und sei es nur für Sekunden. Manchmal geschieht das in der Natur, beim Lauschen von wunderschöner Musik, nach der ersten wundervollen Nacht mit einem geliebten Menschen, beim Anblick eines neugeborenen Kindes oder nach dem letzten Atemzug eines in Frieden Sterbenden. Und manchmal in den Momenten allertiefster Verzweiflung und größter Not. Wenn wir loslassen, wenn wir aufgeben, wenn wir einfach nicht mehr können und Widerstand nicht mehr möglich ist. In all diesen Situationen wehren wir uns nicht mehr dagegen, dass

Gott, das Leben selbst, die bedingungslose Liebe uns erfüllt. Und dann ist Gott da. Dann ist einfach alles gut, selbst wenn im Außen möglicherweise gar nicht alles gut ist.

Und das ist dann ein Wunder. Wir werden ruhig und alle Zweifel schweigen. In uns ist einfach nur ein stilles Ja zu allem, was existiert. Wir fühlen uns geborgen und aufgehoben, angekommen, endlich daheim.

Wenn Menschen sich tief entspannen, wobei und wodurch auch immer, dann taucht dieses Gefühl tatsächlich immer auf. Das ist das Faszinierende. Bräuchte ich einen Gottesbeweis, dann wäre dies einer. Wenn wir im Grunde etwas tun müssen, damit wir Gott, dieses Grundgefühl *nicht* wahrnehmen, wenn wir uns dagegen anspannen und wehren müssen, um es nicht zu fühlen, dann heißt das für mich, dass es allgegenwärtig ist. Dass wir Menschen eben nur die Möglichkeit haben, diese Wahrnehmung auszublenden. Wenn wir ganz bei uns sind und uns selbst ganz sein lassen, dann ist Gott da. Und zwar ungeachtet des Lebens, das wir bis dahin geführt haben. Es ist nicht so, dass Menschen, die schlimme Dinge in ihrem Leben getan haben, dieses Gefühl nicht haben können. Sie können es durchaus, wenn auch gegebenenfalls nicht dauerhaft. Auch Menschen, die sich schämen für Dinge, die vielleicht objektiv betrachtet gar nicht so schlimm sind, die eher im Angstuniversum zu Hause sind, können dieses Gefühl fühlen. Auch sie allerdings nur kurz. Menschen, die Gott ablehnen, Menschen, die verbittert sind, Menschen, die traumatisiert sind, Menschen, die schon längst aufgehört haben, an die Liebe zu glauben, sie alle werden, wenn sie sich tief entspannen, dieses Gefühl fühlen.

Allerdings wird ihnen eben diese Entspannung sehr schwerfallen. Das ist der Grund, dass manche Menschen dieses Gefühl nur kurz erleben. Sie können die Entspannung nicht so lange zulassen. Und das liegt definitiv nicht daran, dass dieses Gefühl nur haben oder halten kann, wer es verdient hat!

Dieses Gefühl ist unsere eigentliche Heimat. Es ist die allumfassende, grenzenlose, ewige bedingungslose Liebe, aus der wir stammen, zu der wir gehen und die uns immer begleitet, ganz egal, wer wir sind. Und zwar jeden Einzelnen von uns, egal, wer er ist oder welches Leben er gelebt hat.

Der Gott, von dem ich spreche und den ich als Quelle von Kraft und Menschlichkeit für uns alle propagiere, ist kein ferner Gott im Himmel. Kein menschähnliches Wesen, das einfach nur ein bisschen mächtiger ist als wir selbst, schon gar kein Wesen mit einem Geschlecht. Diese Kraft, von der ich spreche und die ich Gott nenne, ist die Liebe selbst. Wäre sie ein Wesen, wäre sie begrenzt, und das ist diese Kraft nicht. Das erlebt jeder Mensch, der sich diesem Gefühl überlässt. **Und wenn Gott kein fernes Wesen im Himmel ist, sondern eine Qualität, eine Energie, eine Kraft, ein Seinszustand, etwas, das immer da ist, und zwar überall, dann können wir überhaupt nicht davon getrennt sein.** Dann können wir da nicht herausfallen. Das geht dann schlicht und ergreifend nicht. Wir können uns allerdings als davon getrennt *erleben*. Dass das möglich ist, ist eins der großen Rätsel der Menschheit. Denn dieses Erleben von Getrenntsein, der Glaube daran, dass Gott oder die Liebe fern von uns sein kann, ist für alles Unglück auf dieser Welt zuständig. Denn durch diese Wahrnehmung entsteht Angst. Und Angst, das Gefühl, nicht geliebt zu sein, ist der Hintergrund jeder Machtausübung, jeder Gewalt, jeder Gier, jedes Hochmuts, jeder Sucht. Sie ist die Ursache für jedes Verhalten, mit dem Menschen sich oder anderen Menschen schaden.

Es gibt nur diese beiden Kräfte. Jedes menschliche Verhalten ist entweder durch Liebe motiviert oder durch Angst. Liebe dient dem Leben, Angst schadet dem Leben.

Für mich ist der Teufel, wenn es denn einen geben sollte, schlicht und ergreifend die Angst. Und die Ursünde von uns Menschen ist einfach der Glaube, dass wir von Gott, der Liebe, getrennt sein können. Das heißt nicht, und das ist mir wichtig zu betonen, dass die Angst selbst schlecht oder böse ist. Oder dass gar Menschen, die Angst haben, immer schlecht oder böse sind. Das ist so nicht. Angst ist einfach Angst und braucht Liebe. Wenn die Angst allerdings nicht durch Liebe geheilt wird und zur obersten Autorität im Leben wird, kann sie zu außerordentlich bösem und grausamem Verhalten führen.

Wieso gibt es denn dann überhaupt die Angst? Wieso können wir glauben, aus der Liebe herausfallen zu können? Warum existiert die Lieblosigkeit, die entsteht, wenn wir vergessen, dass wir Liebe sind?

Wenn ich diese Fragen wirklich beantworten könnte, wäre ich weiser und weitsichtiger, als ich bin und sein kann. Ich kann sie nicht beantworten. Aber manchmal denke ich, dass es vielleicht darum geht, die Liebe wirklich bewusst zu erfahren. Wirklich wissen, wie sich Liebe anfühlt, kann nur, wer einmal ohne sie gelebt hat. Vielleicht ist unser Leben hier ein einfaches Verlorengehen und Wiedergefundenwerden. Weil das Wiedergefundenwerden eine andere Qualität hat, als niemals verloren gegangen zu sein.

Vielleicht können wir die Größe und das Wunder des Ganzen nur erfassen, wenn wir erlebt haben, was es heißt, ohne das zu leben?

Ich weiß nur, dass ich oft verloren war und dass ich es jetzt nie mehr für lange Zeit bin. Und dass ich dankbar für die Zeiten der Verlorenheit bin, weil sie die Farben des in der Liebe Geborgenseins kräftiger gemacht haben. Möglicherweise ist es das, worum es geht. Wissen kann ich es nicht. Aber ich muss es auch nicht wissen.

Anregung:
Wann haben Sie in Ihrem Leben ein Gefühl von Verbundenheit und Aufgehobensein gespürt? Können Sie sich insgesamt gut in solche Gefühle hineinfallen lassen oder fällt Ihnen das eher schwer? Wie oft erleben Sie solche Gefühle? Sind sie Teil Ihres Alltags oder gibt es sie nur in Ausnahmefällen?

EXKURS I

Wo war Gott in Auschwitz – meine Geschichte mit Gott

Wir Menschen sind in den Details unserer Lebensgeschichten sehr unterschiedlich und ich werde nie müde, neue Lebensgeschichten zu hören. Aber die darunter liegenden Muster sind für alle gleich. Darum können wir alle aus allen Lebensgeschichten etwas lernen und wir können in allen Lebensgeschichten etwas finden, das wir kennen und unmittelbar nachvollziehen können. Und dann wissen wir: Wir sind nicht allein, wir sind verbunden und das tut uns gut. Insofern hoffe ich, dass Sie sich in meiner Lebensgeschichte in einigen Aspekten wiederfinden können und Sie dadurch Ihre menschliche Verbundenheit mit mir als Mensch spüren können.

Ich bin zwanzig Jahre nach dem Krieg in der Bundesrepublik Deutschland geboren und die Nazizeit und der Krieg waren in meiner Kindheit sehr präsent. Gar nicht unbedingt durch ausführliche Erzählungen. Weder in meiner Familie noch in der Schule wurde viel berichtet. Über das wirklich Schmerzliche, Leidvolle, über Schuld und Scham wurde überhaupt nicht gesprochen. Die Nazis und der Krieg waren eher in Sprüchen und Bemerkungen meiner Großmutter und anderer Erwachsener in meinem Umfeld präsent: »Damals auf der Flucht, gab es so etwas nicht«, »Früher hätte sich niemand getraut, so zu reden«, »Den Weltuntergang haben wir ja schon überlebt, schlimmer kann es jetzt auch nicht mehr werden«, und wenn etwas Dramatisches passierte: »Na ja, es ist ja nicht Auschwitz«. Ich weiß gar nicht mehr genau, wann ich eigentlich wirklich verstanden habe, was »Auschwitz« bedeutet. Gehört habe ich das Wort vermutlich seit frühester Kindheit. Und gespürt habe ich, dass es das ultimative Entsetzen beschrieben hat. Als ich älter wurde, begann ich zumindest eine Ahnung zu bekommen, worum es dabei ging. Um grauenvollste Unmenschlichkeit, der Moment, in dem Menschen gezeigt haben, zu welchen unvorstellbaren Grausamkeiten sie fähig sind.

Meine Eltern haben von Auschwitz nach dem Krieg erfahren, in ihrer frühen Jugend, und ich bin heute der Meinung, davon haben sie sich nie erholt. Auschwitz war für sie Sinnbild dafür, dass der Mensch im Grunde seines Herzens grausam ist und schlecht. Und dass nur »eine dünne Schicht Kultur« den Menschen davon abhält, entsprechend grausam zu sein. Gott hatte in Auschwitz ebenfalls sein wahres Gesicht gezeigt, entweder hilflos oder gleichgültig. Denn Gott hatte nichts getan, um Auschwitz zu verhindern, und damit hatte Gott in den Augen meiner Eltern verspielt. Sie konnten einem Gott, der ein solches Leid zulässt, der nicht eingreift, wenn Menschen anderen Menschen so furchtbaren Schaden zufügen, nicht mehr vertrauen. Sie empfanden das Christentum dennoch als ein geschichtlich bedeutsames kulturelles Konstrukt, dessen Einfluss man sich nicht gänzlich entziehen kann. Es war einfach üblich, kirchlich zu heiraten, die

Kinder taufen zu lassen und sie dann auch zum Konfirmationsunterricht anzumelden.

Ich selbst hatte, wie vermutlich alle Kinder, zunächst eine sehr direkte Beziehung zu Gott. Meine höchste menschliche Autorität war meine Mutter. Sie war eine echte Löwenmutter, die sich im Zweifelsfall sehr für uns Kinder einsetzte. Sie war aber auch streng und, wenn wir nicht taten, was sie wollte, sehr abweisend. Also war das auch mein Bild von Gott, nur noch mächtiger als meine Mutter. Und meine Mutter erlebte ich schon als sehr mächtig. Gott war bestimmt für mich da, nur böse und schlecht durfte ich nicht sein, dann würde Gott sich abwenden. Sowohl bei Gott als auch bei meiner Mutter hatte ich Angst, sie könnten mich dauerhaft fallen lassen, nicht nur bis ich »wieder lieb« war. Denn was wäre, wenn ich einfach nicht herausfinden würde, was ich tun musste, um wieder lieb zu sein? Manchmal war meine Mutter böse auf mich und ich wusste überhaupt nicht, wie es mir hätte gelingen sollen, anders zu sein. Das machte mir Angst. Zudem schnappte ich durch die Sprüche und Anmerkungen der Erwachsenen immer wieder diese Idee auf, dass der Mensch in seinen Grundfesten böse sei und dass er sich anstrengen und alles richtig machen müsste, um gut zu sein. Es schien so, als sei man immer nur einen Schritt davon entfernt, so böse wie die Nazis zu sein. Und das wollte ich auf gar keinen Fall! Bei uns gab es keine Geschichten vom Teufel und von der ewigen Verdammnis, bei uns gab es die Gefahr, zu werden wie die Nazis, und das kam der ewigen Verdammnis gleich.

Insofern war meine Beziehung zu Gott ganz klar eine aus dem Angstuniversum heraus. Aber ich habe auch sehr viel Liebe erhalten und war in einer recht großen Familie geborgen und zugehörig. Das war eine wichtige Quelle von Kraft. Dennoch blieb die Angst.

Als ich älter wurde und meine Möglichkeit, die Dinge mit dem Verstand zu durchdringen, wuchs, schwächte sich meine Beziehung zu Gott ab. Ich verstand, wenn die Erwachsenen meinten, Gott hätte spätestens in Auschwitz verspielt, und ich stimmte ihnen zu. Ich ging jetzt wie die Erwachsenen davon aus, dass es der Verstand sein musste, der mich davon abhielt, böse zu sein. Mein Verstand machte mir klar, dass er Gott nicht braucht. Die Naturwissenschaften genügten, um sich mit der Welt auseinanderzusetzen. Ich versuchte, mithilfe meines Verstandes meine schlimmen Impulse (ich neigte zu Jähzorn) zu kontrollieren. Zu meinem großen Entsetzen gelang mir das aber nicht. Egal wie sehr ich Situationen, in denen ich mal wieder »ausgerastet« war, analysierte, es nützte nichts. Jedes Mal nahm ich mir ganz fest vor, in der nächsten entsprechenden Situation gelassen zu bleiben, und konnte mir genau ausmalen, wie das aussehen würde. Es scheiterte immer! Hätte ich damals schon von der Wirkung des Kampf-Flucht-Systems in unserem Hirn gewusst, ich hätte mir die Mühen sparen können.

Dass es mir nicht gelang, meine »bösen« Impulse mithilfe des Verstandes zu besiegen, verunsicherte mich sehr. Es machte mir Angst. Wenn mir das nicht gelänge, so schien es mir, könnte ich nie sicher sein, dass ich nicht doch zu einem

Nazi mutieren würde, ein schlechter Mensch werden. Und das wollte ich immer noch auf keinen Fall.

In diese Phase der Auseinandersetzung mit mir selbst fiel mein Konfirmationsunterricht. Ich begann ihn, als ich 13 Jahre alt war, und schloss ihn mit dem Fest der Konfirmation ein Jahr später ab. Ich war auf ziemlich arrogante Art der Meinung, mehr zu wissen als all diese armen dummen Menschen, die sich tatsächlich noch einem Gott anvertrauen wollten. Dass das nichts nützt, hatte Auschwitz meiner Ansicht nach doch deutlich gezeigt. Gleichzeitig sehnte ich mich aber auch verzweifelt nach einem Erwachsenen, der einmal ein anderes Bild von Gott und den Menschen zeichnete als das Bild, das durch die Erzählung von Auschwitz entstanden war. Ich wollte mich gerne einem liebenden Gott anvertrauen. Mich in bedingungsloser Liebe, die ich nicht verlieren könnte, zu wissen, wäre mir wie das Paradies vorgekommen. Aber bei dem Pastor, der mich konfirmiert hat, war das leider nicht zu finden. Wir mussten endlos die Gebote mit Erläuterungen, das Glaubensbekenntnis und alle möglichen anderen Dinge auswendig lernen und immer und immer wieder aufsagen. Wichtig war nur, dass wir die Worte kannten, was sie bedeuten und ob sie uns etwas sagen könnten, das spielte überhaupt keine Rolle. Ich stellte kritische Fragen. Ich hätte so gerne wenigstens ein paar ermutigende Antworten gehabt, aber es gab sie leider nicht. Die Diskussion über Gott in Auschwitz wollte der Pastor lieber gar nicht erst beginnen. Wahrscheinlich habe ich ihn damals entsetzlich genervt. Er fragte mich tatsächlich am Abend vor (!) meiner Konfirmation, ob ich mich wirklich konfirmieren lassen wollte. Er sei sich meiner Glaubensfestigkeit nicht sicher. In meiner heutigen Erinnerung an die Szene habe ich nur geschnaubt, obgleich ich bezweifle, das wirklich getan zu haben. Jedenfalls machte ich deutlich, dass diese Frage nun wirklich etwas zu spät kam.

Ich ließ mich konfirmieren und blieb in der Kirche. Aber nur, weil die Kirche, so sahen es meine Eltern, ein wichtiger gesellschaftlicher Faktor war und mit der Kirchensteuer immerhin auch einige gute soziale Projekte finanziert würden. In den Gottesdienst bin ich nicht wieder gegangen. Meine Familie ging nicht einmal zu Weihnachten hin.

Mein weiterer Weg nach dem Abitur führte mich nach Göttingen zum Studium der Psychologie. Die Frage nach dem ursprünglichen Menschsein, was Menschen antreibt und wie Auschwitz möglich war, ließ mich noch immer nicht los und ich hoffte, im Studium ein paar Antworten zu bekommen. Göttingen in den Achtzigerjahren des vorigen Jahrhunderts war definitiv kein gutes Pflaster für Gott. Jedenfalls schon gar nicht, wenn man, wie ich, eher links und eher feministisch orientiert war. In der linken, feministischen Szene fand Gott gar nicht statt. Das war patriarchalischer, reaktionärer Mist, den kein Mensch, schon gar keine Frau, brauchte. Aus der Kirche ausgetreten bin ich trotzdem nicht. Das war so ein kleiner stummer Protest. Im Laufe der Zeit gewann ich den Eindruck, dass die »Szene« ähnlich gnadenlos Regeln und Bedingungen aufstellte wie jedes andere System und genau wie alle anderen Systeme Menschen zum Teil brutal ausgrenzte, die sich nicht an die Regeln hielten. Das gefiel mir nicht und ich wollte nicht aus der Kirche austreten, weil »man das so macht«. Das wäre mir absurd vorgekommen.

Also blieb ich in der Kirche, bis ich mit meiner besten Freundin zu der Konfirmation ihrer Patentochter fuhr. Die Predigt, die der Pastor hielt, war »Angstuniversum« pur. Sie war gespickt mit Drohungen und Vorhersagen von großem Leid und Elend, wenn man sich nicht brav an die Regeln der Kirche halten würde. Von der bedingungslosen Liebe Gottes war mit keinem Wort die Rede. Während ich diese Predigt hörte, wurde ich immer wütender. Einem Verein, der im Ernst so etwas vertritt und junge Leute, anstatt sie zu ermutigen und ihnen Kraft und Zuversicht zu vermitteln, nur sagt, dass sie gehorsam sein sollen, egal, ob sie verstehen, warum, wollte ich wirklich nicht mehr angehören. Ich wusste natürlich, dass es aus der Kirche auch andere Botschaften gibt, aber die, die ich suchte, hatte ich nie dort gefunden, und jetzt war es genug. Ich bin am nächsten Morgen ausgetreten.

Und dann war erst einmal Ruhe. Ich machte mich im Laufe der nächsten Jahre auf meine ganz persönliche Suche nach dem bedingungslos liebenden Gott. Ich beschäftigte mich sehr viel mit der Frage, was denn die Liebe, die ich meinte, überhaupt ist. Ich fand erstmals bei Erichs Fromms Standardwerk über die Liebe, *Die Kunst zu lieben,* die Unterscheidung zwischen der bedingungslosen und der bedingten Liebe. Das half mir schon einmal ein ganzes Stück weiter.

Nach dem Studium begann ich in einer Reha-Klinik zu arbeiten, in der viele Patientinnen waren, die aufgrund von Schlaganfällen oder Herzinfarkten fast gestorben waren und reanimiert wurden. Die erste Patientin, die mir von ihrem Nahtodeserlebnis erzählte, das sie bei der Reanimation durchlebte, werde ich nie vergessen. Ich hatte über entsprechende Erlebnisse schon gelesen und war fasziniert gewesen, aber jetzt jemanden vor mir zu haben, der das tatsächlich erlebt hatte, war etwas ganz anderes. Sie spürte wohl meine Offenheit für das Thema und traute sich, mir sehr ausführlich darüber zu berichten. Sie sagte mir, dass die meisten Menschen nicht so genau hören wollten, was sie erlebt hatte, aber mich interessierte es sehr. Und sie sprach genau von dem, was ich die ganze Zeit gesucht hatte: von dem Gefühl, vollkommen aufgehoben zu sein, ohne Fragen, ohne dass darüber »gerichtet« würde, was sie getan oder nicht getan hatte. Sie meinte, und das habe ich später immer wieder von anderen Menschen, die ähnliche Erlebnisse hatten, gehört, dass sie nicht wirklich in Worte fassen könne, was sie erlebt habe. Es habe sie aber verwandelt und ihren Blick auf das Leben und den Tod für immer verändert. Sie habe nun keine Angst mehr. Keine Angst vor dem Tod und auch keine Angst, im Leben zu versagen. Sie wisse, dass wir alle mit allen verbunden seien, dass wir nicht herausfallen könnten aus dieser Liebe. Dass es aus ihrer Sicht auch völlig egal sei, welcher Religion wir angehören oder eben nicht. Soweit ich mich erinnere, war sie selbst Protestantin, die aber keiner Gemeinde nahestand und nur an Weihnachten in die Kirche ging.

Im Laufe der Jahre wurde mir immer wieder von solchen Erlebnissen berichtet und sie ähneln sich in erstaunlichem Maße. Mit der Zeit stieg in mir eine Erinnerung hoch an eine Nacht im Krankenhaus, als ich zwölf Jahre alt war. Ich musste damals eine sehr schwierige Bauchoperation über mich ergehen lassen und ich vermute, dass ich in dieser Nacht sehr starke Schmerzen hatte. Und plötzlich, für einen Moment, war alles gut. Ich fühlte mich vollkommen unangreifbar und hatte das Gefühl, dass ich niemals mehr ernsthaft vor irgendetwas Angst haben müsste. Vielleicht war das ein sogenanntes Out-of-Body-Erlebnis. Ich kann es nicht genau sagen. Aber ich erinnerte mich wieder an das Gefühl, an das ich sehr lange nicht mehr gedacht hatte. Vielleicht habe ich unbewusst damals angefangen, danach zu suchen.

Immer und immer wieder hörte ich in der Folgezeit von Menschen mit Nahtodeserlebnissen über die unendliche Liebe, aus der nichts uns je herausholen kann. Einige berichteten mir von Lebensrückblicken, bei denen sie auf Fehler aufmerksam gemacht wurden. Diese Fehler waren Situationen, in denen sie lieblos gehandelt hatten. Aber diese Reflexion ihrer Lieblosigkeit fand immer aus dem Blickwinkel der absoluten Liebe heraus statt und die Menschen erlebten sich nicht als »gerichtet«, als wegen ihrer Fehler angegriffen oder herabgesetzt. Ich habe im Zusammenhang mit diesen Erlebnissen nie von Bestrafung, von Liebesentzug oder von Vergeltung gehört. Die Menschen konnten auf sich selbst voller Liebe schauen und sie konnten Mitgefühl haben mit sich selbst und der Angst, die sie zu dieser Lieblosigkeit gebracht hatte. Denn das war die Erkenntnis, von der die Menschen immer wieder berichteten: Sie hatten ausnahmslos lieblos gehandelt, weil sie Angst hatten. Die Angst war der Hintergrund jeden Unheils gewesen, das sie selbst angerichtet hatten. Ebenso konnten sie voller Verständnis und Mitgefühl auf die Menschen gucken, die ihnen etwas angetan hatten. Auch bei ihnen konnten sie sehen, dass sie nicht böse waren und böse sein wollten, sondern dass sie Angst hatten.

Die Erfahrungen dieser Menschen und das Vertrauen, das sie mir entgegenbrachten, wenn sie mir davon berichteten, berührten mich jedes Mal tief. Und je mehr ich davon hörte, je mehr ich darüber las und je klarer meine eigene Erinnerung an meine kurze Erfahrung des »Alles gut« wurde, desto deutlicher wurde die Frage: Was ist, wenn das stimmt? Im Grunde meines Herzens war ich immer schon überzeugt, dass das stimmt und dass es genau das ist, worum es geht. Sich der bedingungslosen Liebe anzuvertrauen und zu erlauben, dass sie einen verwandelt. Trotzdem gab es immer noch Stimmen in mir, die sagten: »Du willst doch nur, dass das stimmt, aber findest du das nicht ein bisschen naiv und auch ein bisschen zu einfach? Was ist, wenn es nicht stimmt?« Irgendwann fragte ich mich: »Okay, was ist, wenn ich jetzt daran glaube und es stimmt nicht? Welcher Fehler ist schlimmer, was wirkt sich ungünstiger auf mein Leben aus? Wenn ich glaube, dass es stimmt, und irgendwann stellt sich heraus, es stimmt nicht? Oder wenn ich glaube, dass es nicht stimmt, und irgendwann stellt sich heraus, es stimmt?« Die Frage ließ sich leicht beantworten: Wenn ich mich geirrt habe und die bedingungslose Liebe und ihre Auswirkung nur ein Konstrukt meines verwirrten Gehirns ist, dann werde ich immerhin mein Leben in Freude, Staunen und Dankbarkeit und als ein freundlicher und liebevoller Mensch verbracht haben. Wenn ich das nicht glaube, wird mein Leben schwer, traurig und ziemlich sinnlos. Es zu leben wird anstrengend. Und wenn ich dann am Ende erfahre, dass es die Liebe doch die ganze Zeit gegeben hätte, dass da die ganze Zeit eine wunderbare Kraftquelle quasi neben mir hergelaufen ist und ich sie nicht genutzt habe, dann beiße ich mir doch wirklich in die Nase. Dieser Fehler wäre viel schlimmer als der erste. Also nehme ich lieber den ersten Fehler in Kauf. Seitdem mir das so klar geworden ist, kann mich nichts und niemand mehr davon abbringen, auf die bedingungslose Liebe zu setzen und zu glauben, dass sie das Einzige ist, das gegen die Angst und damit gegen unnötiges Leid und Unheil hilft.

Und was war nun mit Gott in Auschwitz? Das ist noch immer eine der ganz großen Fragen, auf die ich keine einfache Antwort habe. Ich bin heute allerdings überzeugt: Gott war in Auschwitz. Gott war, wie er es immer ist, für jeden Menschen dort, der sich ihm öffnen konnte.

Das Problem in Auschwitz war nicht, dass Gott nicht bei den Menschen war, das Problem war, dass die Menschen, die Auschwitz möglich gemacht haben, nicht bei Gott waren. Wären sie bei Gott gewesen, hätten sie sich in der bedingungslosen Liebe gehalten und getragen gefühlt. Dann hätten sie nicht so furchtbar viel Angst gehabt und Auschwitz wäre niemals möglich gewesen.

Heute bin ich sicher: **Es wird niemals der Verstand sein, der uns hilft, ein neues Auschwitz zu verhindern.** Nur die bedingungslose Liebe, die alle Menschen meint und die keine Grenzen hat, verhindert, dass Menschen sich so etwas antun. Die Liebe wird niemals so etwas wollen, sie kann es gar nicht. Es ist die Angst, die auf so absolut grausame Ideen kommt. Es ist nicht, wie meine Eltern glaubten, das ursprünglich Böse im Menschen, das zu Auschwitz geführt hat. Wir müssen uns nicht ständig überwachen, damit wir nicht ins Reich des Bösen abfallen. In der bedingungslosen Liebe können wir nur gut sein, es geht gar nicht anders. Nur durch die Angst und die schrecklichen Wege, die sie finden kann, um uns vermeintliche Sicherheit zu geben, werden wir zur Grausamkeit fähig. Denn die Angst kann nicht mitfühlen und kann darum niemals freundlich sein. **Wir müssen die Angst jedoch nicht bekämpfen und besiegen. Das ist nicht möglich. Wir müssen die Angst beruhigen, dafür sorgen, dass sie sich auflöst. In der Liebe.**

Im Laufe meiner Auseinandersetzung mit der bedingungslosen Liebe bemerkte ich zu meiner großen Verblüffung, dass alles, was ich über die bedingungslose Liebe und ihr Wirken in der Welt und im Leben jedes Einzelnen lernte, im Grunde schon in der Bibel stand, im Neuen Testament. Bei der Suche nach Vorbildern für die bedingungslose Liebe landete ich immer wieder bei Jesus. Auch in den Tiefenentspannungen, die ich mit meinen Patientinnen durchführte, tauchte bei der Suche nach Wesen, die einem helfen und bedingungslos lieben können, oft Jesus auf. Und das auch bei

Patientinnen, die mit Jesus »gar nichts am Hut« hatten. Scheinbar völlig unvermittelt kam Jesus ins Spiel, denn wir hatten vorher oft gar nicht über religiöse Fragen gesprochen und Jesus war noch nie Thema gewesen. Auch ich selbst dachte in solchen Momenten zumindest nicht bewusst an Jesus.

Ich war jedenfalls überrascht, wie oft tatsächlich die Person Jesus auftauchte. Dass die Botschaften des Christentums in unserem Unbewussten sehr wirksam sind, wusste ich. Dass aber Jesus offenbar tatsächlich bei vielen Menschen als Repräsentant der bedingungslosen Liebe verinnerlicht war, das wunderte mich doch. Ich bemerkte, wie wenig ich in meiner religiösen Erziehung eigentlich über Jesus selbst gehört hatte, und begann mich mit ihm und seinen Lehren zu beschäftigen. Und als Psychologin muss ich ganz klar sagen: Seine Lehren haben Hand und Fuß und sie sind aus psychologischer Sicht von außerordentlicher Klugheit. Außerdem wurde mir bewusst, wie sehr ein Gemeindewesen, ein Zusammenhalt über Meinungen und Parteizugehörigkeiten hinweg in unserer Gesellschaft fehlt. Dazu kommt die zunehmende Auseinandersetzung mit Menschen mit anderen Religionen, insbesondere mit Muslimen, von denen es immer mehr in unserem Land gibt. Ich glaube, dass die Angst vor der anderen Religion auch sehr viel damit zu tun hat, dass wir uns unserer Religion nicht mehr sicher sind, dass wir keine religiöse Identität mehr haben. Ich habe jedenfalls in der intensiven und fruchtbaren Auseinandersetzung mit Muslimen erst gemerkt, wie sehr ich Christin bin. **Und dabei geht es einfach um persönliche Identität, nicht darum,**

wer die bessere Religion hat oder aufgrund seiner Religion der bessere Mensch ist!

Mir wurde zunehmend bewusst, welche wichtige Rolle die Kirchen in unserem Land noch immer spielen. Ich will keinesfalls, dass sie verschwinden. Ich will, dass sie sich verwandeln beziehungsweise sich zurückbesinnen auf das, worum es ursprünglich einmal wirklich ging. Und dann können sie einen sehr segensreichen Einfluss in unserem gesellschaftlichen Zusammenleben haben.

Als ich bei der Konfirmation in der Familie der Patentochter meines Mannes eine wirklich gute Predigt hörte, in der von Jesus als Freund und als Quelle der Kraft gesprochen wurde, war es wieder einmal so weit: Ich war bereit, es noch einmal mit der Kirche zu probieren, und trat unmittelbar darauf wieder in die Kirche ein.

EXKURS II

Gott und das Christentum

Das Christentum ist eine weltumspannende Religion. Es ist sehr alt und sehr einflussreich und hat darum eine große Wirkung im Unbewussten vieler Menschen. Natürlich gibt es »das Christentum« nicht. Es gibt in der Weltsicht von Menschen, die sich als Christen bezeichnen, ebenso große Unterschiede wie zwischen Christen und Nicht-Christen. Auf jeden Fall sind alle Menschen in Deutschland entweder stark vom Christentum beeinflusst oder kennen Menschen, für die dies gilt. Insofern lohnt es sich, sich das Christentum und das Bild von Gott und den Menschen, das in seinem Namen vertreten wird, einmal genauer anzusehen. Mein psychologischer Blickwinkel unterscheidet sich dabei von einem theologischen oder historischen. Ich beziehe mich auf meine persönliche Erfahrung, Erfahrungen aus meinem privaten Umfeld und von meinen Patientinnen. Selbstverständlich können Menschen, die sich als Christen verstehen, eine völlig andere Sicht auf Gott und den Menschen haben, als ich sie hier darstelle. Für die eigene Auseinandersetzung mit dem Thema sind meine Beobachtungen hoffentlich hilfreich.

Ich möchte mich mit einigen sehr typischen christlichen Begriffen beschäftigen, die heute aus dem Sprachgebrauch zum

Teil verschwunden sind, zum Teil in anderem Zusammenhang weiter verwendet werden. Es sind alles Begriffe, die im Unbewussten eine starke Wirkung hervorrufen. Und diese Wirkung ist möglicherweise ein Grund dafür, warum die Kirchen einen so starken Mitgliederschwund zu beklagen haben.

Diese Begriffe sind: Erbsünde, Versuchung, Schuld, Sühne, Strafe, Buße, Opfer, Leid, Vergebung, Demut, Erlösung, Bekehrung, Jüngstes Gericht, göttliche Gnade.

Wenn ich als Jugendliche hätte zusammenfassen sollen, was ich über die christliche Lehre gelernt und wie ich sie verstanden hatte, hätte meine Geschichte ungefähr so gelautet:

Gott hat die Welt und die Menschen geschaffen und die ersten Menschen, Adam und Eva, lebten im Paradies. Es ging ihnen prima und sie hatten alles, was sie brauchten. Sie durften alle Früchte des Gartens essen und sich daran erfreuen. Nur von einem Baum, dem Baum der Erkenntnis von Gut und Böse, sollten sie nicht essen, das verbot Gott. Zunächst hielten die beiden sich daran, aber dann kam eine Schlange und überredete Eva, doch von dem Baum zu essen und Adam auch dazu zu bringen. Schlagartig wussten die beiden, dass sie nackt waren und etwas Schlechtes getan hatten, und sie fingen an, sich zu schämen und vor Gott zu verstecken. Gott hat natürlich gleich verstanden, dass, wenn sie sich verstecken, sie wohl doch von der verbotenen Frucht gegessen hatten. Da wurde Gott sehr sauer und als Strafe verbannte er die beiden aus dem Paradies, und das Leben, das sie jetzt führten, war gar nicht mehr so gemütlich. Sie erlitten Schmerzen und es gab Hass und Gewalt und die Menschen hatten immer wieder Ärger mit Gott. Seitdem sind alle Menschen irgendwie schlecht und sündig und zum Bösen fähig. Egal wie gut ein Mensch ist, da er von diesen beiden Menschen abstammt, trägt er die Sünde in sich und das nennt man dann Erbsünde. Eine üble Sache. Aber nicht mehr zu ändern.

Viele Jahre später hatte Gott irgendwie Mitleid mit den Menschen. Er schickte seinen Sohn und dieser Sohn, der selbst völlig unschuldig und gut war, wurde jetzt stellvertretend für alle Menschen gefoltert und getötet, um Gott wieder mit den Menschen zu versöhnen. Gott streckte dem Menschen quasi eine Hand entgegen. Jesus hat sich geopfert als Sühne für unsere Sünden. Wenn wir jetzt bereit sind, an Jesus zu glauben und ihm zu folgen, dann – und nur dann – können wir von diesem Opfer profitieren. Wenn wir Jesus nicht »nehmen«, bleiben wir weiterhin von Gott getrennt und können nicht auf seine Gnade hoffen. Diese Gnade Gottes ist einerseits völlig willkürlich, aber gleichzeitig setzt sie Reue und Bußbereitschaft voraus. Wir sollen uns schlecht fühlen dessentwegen, was wir getan haben. Wir sollen uns selbst demütigen, also herabsetzen, und wir sollen uns selbst irgendwie angemessen dafür strafen oder Buße tun, eine Strafe akzeptieren, die ein anderer, beispielsweise ein Geistlicher, uns auferlegt. Wenn wir vorher sehr weit weg von Jesus waren, ihn abgelehnt und viel Schlechtes getan haben, können wir uns dennoch Jesus wieder zuwenden. Das nennt man Bekehrung. Die erfolgreiche Reue, Buße und Bekehrung führen dazu, dass wir Gottes Gnade erhalten und erlöst werden von unserer Schuld. Da Gott uns so gnädig wieder aufnimmt und uns vergibt, sollen wir ebenfalls vergeben. Das bedeutet, wir dürfen nicht wütend sein, wenn jemand uns etwas angetan hat, sondern wir sollen wie Gott vergeben. Zudem sollen wir uns für Arme und Entrechtete einsetzen und uns über unser eigenes Gut nicht freuen, sondern es lieber abgeben. Wenn uns jemand verletzt, sollen wir nichts dagegen unternehmen, sondern ihm die »andere Wange hinhalten«. Wir sollen uns also unterwerfen und lieb lächeln, auch wenn das Verhalten des anderen wirklich nicht in Ordnung ist. Überhaupt ist zu leiden eine gute Sache. Wer nicht leidet und es sich gut gehen lässt, ist irgendwie verdächtig. Denn schließlich hat Jesus für uns sehr gelitten und dann können wir ja wenigstens ordentlich mitleiden. Insgesamt gibt es eine Menge Regeln zu befolgen und wenn alles glattläuft, führt Gott uns »nicht in Versuchung«. Das heißt, er lässt nicht zu, dass der Teufel uns verführt, so wie die Schlange die erste Frau verführt hat.

Wenn wir gehorsam waren und wir uns ausreichend klein und unwürdig gefühlt haben, dann können wir am Tag des Jüngsten Gerichts vielleicht Glück haben und wir kommen wieder in eine Art Paradies zurück, in den Himmel. Wenn nicht, kommen wir entweder in die Hölle oder zumindest nicht in den Himmel, was dann der Hölle ungefähr gleichkommt. Da dieses Gerichtsurteil erst nach unserem Tod erfolgt, können wir nie ganz sicher sein, ob unser Wohlverhalten, unsere Bereitschaft zur Reue und Buße und zum Leiden wirklich ausgereicht hat. Wenn wir dann krank werden und uns ein Unglück passiert, könnte es sein, dass Gott uns jetzt schon bestraft. Wenn wir Glück haben und verschont werden, ist das ein Zeichen, dass wir besonders gut sind und Gott mit uns zufrieden ist. Das hieße dann allerdings, dass er mit denen, die Pech haben, unzufrieden ist und dass man den armen Pechvögeln eben doch nicht helfen sollte, weil ihr Zustand vielleicht eine Strafe Gottes ist. Da wird es dann endgültig verwirrend.

Mir ist natürlich klar, dass diese Zusammenfassung provozieren kann. Einige Lesende werden sagen: »Das ist doch so alles gar nicht, das ist völlig verzerrt dargestellt.« Heute gebe ich ihnen völlig recht, diese Geschichte ist wirklich verzerrt. Aber sie ist genauso wiedergegeben, wie ich sie als Jugendliche verstanden habe, und ich weiß, dass ich nicht die Einzige bin. Ich habe heute eine andere Sicht auf die Dinge, aber sehr viele Leute lehnen die Religion, das Christentum, heute ab, weil sie das Ganze eben genau so noch immer auffassen und es ihnen nicht gefällt. Wenn ich mit Menschen in meiner Praxis über ihre Religion spreche und warum sie sich davon abgewendet haben, dann kommt mit einigen Abweichungen genau diese Geschichte als Argument.

Wenn man es mal so zusammengefasst liest, dann ist es nur zu verständlich, warum so viele Menschen diese Botschaft ablehnen. Denn so ist sie nun wirklich nicht hilfreich und nährend. Fast jedes Mal, wenn ich mal wieder einen Gottesdienst besuche, ist irgendetwas aus der obigen Darstellung in den Lesungen oder sogar in der Predigt präsent. Und das stößt mich jedes Mal ab. So wie ich die Geschichte eben erzählt habe, berichtet sie von einem Gott des Angstuniversums. Dieser Gott ist eben nicht bedingungslos liebend, auch wenn das behauptet wird. Der Widerspruch ist einfach zu groß. Wieso sollte ein liebender, gnädiger Gott zulassen, dass sein Sohn gefoltert wird, und das dann noch als stellvertretende Strafe für alle anderen Menschen? Das hat sich mir niemals erschlossen und ich weiß, dass die Kreuzigung für viele Menschen eine völlig unverständliche Sache ist, die sie von Gott entfernt. Was ist das für ein Gott, der so etwas tut? Wie soll ich den als liebenden Vater ansprechen?

Von ehemaligen Christen höre ich oft: »Ich wollte mich nicht immer so schlecht fühlen. So sündig von Anfang an, und dass dann Gott statt meiner Jesus bestraft hat, hilft mir auch nicht weiter. Damit kann ich nichts anfangen. Irgendwie hatte ich in der Kirche immer das Gefühl, ein schlechter Mensch zu sein, der Gottes Gnade zwar vielleicht erhält, aber sie nicht wirklich verdient hat. Ich will mich nicht immer so klein fühlen, so nichtswürdig und ich mag auch nicht immer leiden. Ich will auch nicht jedem gleich vergeben, der mir etwas angetan hat. Und lieb lächeln und nichts sagen, wenn jemand gemein oder gewalttätig zu mir ist, das will ich auch nicht.« Ich kann gut verstehen, wenn jemand sagt, er oder sie will das nicht mehr. Das Problem ist nur, dass dieser Gott der Angst nicht einfach verschwindet, wenn man aus der Kirche austritt.

Ich finde es immer wieder wirklich verblüffend, wie viele Menschen meine Einschätzung des Christentums, wie ich es als Jugendliche verstanden habe, teilen. Natürlich bin ich auch auf Menschen gestoßen, die die Geschichte völlig anders erzählen. Aber sie waren tatsächlich eher die Ausnahme, die anderen eher die Regel. Mir ist rätselhaft, wie die Kirchen es zulassen können, dass ein Großteil der Menschen, für die sie eigentlich da sein sollten, die Dinge so sieht. Warum gibt es (von Ausnahmen abgesehen) keine lautere Gegenbewegung und keine mutige und kritische Auseinandersetzung mit diesen Begriffen und eine deutliche Klarstellung, wie dieser Gott als Gott der Liebe verstanden werden kann? Denn das kann er, davon bin ich heute überzeugt. Und nur dann ist Gott überhaupt wertvoll für uns Menschen. Nur dann sind wir bereit zuzugeben, dass wir Gott brauchen und dass es ohne ihn nicht geht. Auch wenn Sie Gott möglicherweise anders nennen. Aber wenn es diesen Gott der Angst in Ihrem Kopf noch irgendwo gibt, und sei es nur als abgelehntes und abgelegtes überflüssiges Etwas, dann empfehle ich Ihnen, sich diesen Gott noch einmal vorzunehmen und ihn zu verwandeln. Denn sonst bleibt er in Ihnen wirksam. Sie sind immerzu damit beschäftigt, ihn abzuwehren, und können sich dann nicht einem anderen, liebevolleren und hilfreicheren Gott zuwenden.

Kann man diese Geschichte anders erzählen und diesen Begriffen einen anderen Klang geben, sodass sie uns nicht niederringen und klein und ängstlich machen, sondern stark und mutig und bereit, ein gutes Leben zu führen? Ich bin sicher, dass das geht. Meiner heutigen Sicht auf die Botschaft Jesu könnte man vorwerfen, dass das einfach eine geschönte

Version ist und die ganze Sache einfach nicht mehr zu retten. In der Bibel steht es schließlich so, daran komme ich auch nicht vorbei. Ich bin wirklich keine Bibelforscherin, aber dass es die überhaupt gibt, zeigt schon, dass es möglich ist, die Bibel auf ganz unterschiedliche Weise zu verstehen. Wie ich einmal einer sehr gläubigen Patientin sagte, die sich bemüht, sich in ihrem Leben an die Bibel zu halten: »Leider steht dort nicht, was Monika L. am 15. Januar um 13, Uhr machen soll, wenn sie die oder die Entscheidung zu treffen hat. Wir sind alle immer darauf angewiesen die Bibel zu interpretieren. Es geht überhaupt nicht anders.« Zudem hat Jesus die meiste Zeit keine eindeutigen Handlungsanweisungen gegeben, sondern in Gleichnissen geredet, und die müssen immer »übersetzt« werden. Ich vermute, dass er das getan hat, weil die Bibel eben in allen Zeitaltern eine Hilfe sein sollte. Wenn er zu konkret gewesen wäre, hätten wir für unsere heutige Zeit überhaupt keine Unterstützung mehr. Das Thema Übersetzung spielt auch noch buchstäblich eine Rolle, denn die deutsche Bibel, die wir heute kennen, egal, ob die Lutherbibel oder die Einheitsübersetzung, ist eine Übertragung aus dem Lateinischen und Griechischen und das waren ebenfalls Übersetzungen. Die Sprache von Jesus, das Aramäische, war eine sehr bildhafte Sprache mit sehr vielen Nebenbedeutungen, die durch die Übersetzungen zwangsläufig verloren gegangen sind. Mir hat es Spaß gemacht, mich einmal mit dem aramäischen »Vaterunser« zu beschäftigen, und es hat mir viele Impulse für meine Auseinandersetzung gegeben. Doch egal wie wissenschaftlich genau wir vorgehen und wie viel Mühe wir uns geben, herauszubekommen, wie der Wortlaut von Jesu Gleichnissen nun war oder welche Bedeutung das Wort »Awwun« (Aramäisch nach heutigem Kenntnisstand das Wort für »Geliebtes Wesen« und das erste Wort im »Vaterunser«) damals wirklich hatte, wir können es nicht wissen. Wir müssen uns ein eigenes Bild machen. Das heißt aber auch, wir dürfen uns ein eigenes Bild machen. Sinn ergibt ein solches Bild aber nur, wenn tief in unserem Herzen etwas mit dem so Erzählten in Resonanz gehen kann. Die Frage ist, ob unsere tiefe innere Menschlichkeit, unsere innere Weisheit, unser höheres Selbst, oder wie auch immer Sie es nennen wollen, diese Sicht für stimmig erklärt. Wenn das so ist, dann werden wir mit unserer Sicht auch andere Menschen berühren können, weil wir in der tiefen inneren Menschlichkeit alle gleich sind.

Ob das im Fall meiner Überlegungen so ist, habe ich mit Freundinnen und Patientinnen »getestet«. Im Folgenden können Sie feststellen, ob Sie mir in meinen Ausführungen folgen können und mögen und ob Ihr Herz darauf mit einem »Ja, so ist es« reagiert.

Ich erzähle Ihnen jetzt die Geschichte mit der Annahme, dass Gott letztendlich kein Wesen ist, sondern eine Kraft. Und diese Kraft ist die Kraft der ausnahmslos bedingungs*losen* Liebe. Dennoch wird Gott in der Geschichte personalisiert, sonst wäre es ja keine Geschichte mehr. Gläubige Menschen könnten sich an dem Wort »Geschichte« stören, denn für sie ist die Bibel natürlich kein »Geschichtenbuch,« sondern das Wort Gottes. Aber wenn Jesus in Gleichnissen zu uns redet, warum sollte dann die Bibel keine »Geschichten« erzählen, aus denen man über die Jahrhunderte hinweg die Wahrheit über das Leben, den Tod, die Liebe, das Miteinander der Menschen und ihre Beziehung zu Gott erfahren kann? Ich glaube sehr wohl, dass die Bibel nicht irgendein Buch ist, sondern eine »heilige Schrift«, die über den Kern des Menschseins und über Gott berichtet. Aber mir ist klar, dass ich mich irren kann. Allerdings halte ich es auf jeden Fall für gewinnbringend, sich mit der Bibel und ihrer Weisheit auseinanderzusetzen, auch wenn man sie nicht für eine heilige Schrift hält. Sondern »nur« für das einflussreichste Buch der Welt.

Die Geschichte lautet: Als die Menschen auf die Welt kamen, wussten sie noch nichts über Gut und Böse. Sie hatten kein Urteil, nicht über sich, nicht über das, was sie umgab. Sie waren einfach da. Im Hier und Jetzt, ohne Scham, ohne ein Gefühl von Schuld, ohne sich als getrennt voneinander oder der Natur zu erleben. Dadurch konnten sie nicht erkennen, wer sie sind, und nicht wissen, was Liebe ist. Weil sie »Nicht-Liebe« nicht kannten, war ihnen nicht möglich, sich bewusst als Liebe zu erleben. Solange die Menschen sich nicht als getrennt empfanden, konnten sie auch keine Beziehung zueinander eingehen, denn etwas, das nicht getrennt ist, kann nicht in Beziehung gehen. Also schuf Gott die Voraussetzung für die Erfahrung von Trennung, von »Nicht-Liebe«, für die Erfahrung von Angst, Schuld und Scham. Dafür erfand er die Möglichkeit zu urteilen, die Welt zu scheiden in Gut und Böse, in Richtig und Falsch. Nun musste er die

Menschen noch dazu bringen, dass sie überhaupt bereit waren, diesen nächsten Schritt nachzuvollziehen und sich dieser Trennung auszusetzen, also ihre »Komfortzone« zu verlassen. Darum sagte er ihnen, dass sie etwas Bestimmtes nicht durften, nämlich vom Baum der Erkenntnis von Gut und Böse essen, wohl wissend, dass Menschen immer genau das interessant finden, was zum Tabu erklärt wurde. Weil die beiden aber so zufrieden und darum so selbstverständlich gehorsam waren, musste Gott noch etwas nachhelfen. Darum die Schlange, die Eva »verführte«. Die Sache klappte, Adam und Eva aßen den Apfel vom verbotenen Baum, die beiden erkannten sich als getrennt und nackt und konnten sich schämen. Das bedeutet, sie konnten über sich selbst nachdenken, sich mögen oder ablehnen.

Damit waren sie aus dem Paradies heraus. Gott musste sie gar nicht hinauswerfen, sie waren einfach draußen. Nun gab es also die Fähigkeit, sich selbst zu reflektieren, eine Beziehung untereinander zu führen und eine zu Gott, die auch disharmonisch sein konnte. Davon, also was »Nicht-Liebe« ist, berichtet die Bibel in der Folge ausführlich.

Nur über »Nicht-Liebe« Bescheid zu wissen, heißt jedoch noch nicht automatisch, dass man weiß, wie die Liebe geht. Dafür brauchte es die nächste Lektion. Gott schickt jetzt als Lehrer der Liebe seinen Sohn auf die Welt. Dieser kommt nicht, wie man annehmen könnte, als starker, heldenhafter Hüne auf einem stolzen Ross einhergeritten. Nein, er kommt als Baby unter ziemlich chaotischen Umständen auf die Welt. Ohne Zeichen äußerer Macht, ohne Reichtum, ohne

Palast. In einer Krippe im Stall mit Tieren. Damit gibt Gott schon die erste Lektion der Liebe: Die Liebe braucht keine äußere Kraft und Macht, sie ist eine Macht von innen heraus und sie ist auch im Kleinen, Schwachen sehr groß und stark. Und selbst mächtige Menschen, die selbst über viel Reichtum und Einfluss verfügen, können spüren, wie groß und wundersam das ist, und können es »anbeten«, wie es die Heiligen Drei Könige tun.

Als Jesus älter wird, gibt er den Menschen die unterschiedlichsten Lektionen zum Thema »bedingungslose Liebe«. Da gibt es die Geschichte der Ehebrecherin, die von Männern gesteinigt werden soll (Johannes 8, 1–11). Das war damals die übliche Strafe, wohlgemerkt nur für Frauen, die die Ehe gebrochen hatten. Für Männer galt diese Strafe nicht. Jesus kommt dazu und sagt zu den Männern: »Wer von euch ohne Sünde ist, der werfe den ersten Stein.« Jesus verurteilt die Ehebrecherin, also eine Frau, die eindeutig »gesündigt« hat, nicht. Er verhält sich ihr gegenüber nicht ablehnend. Er beschützt sie sogar, indem er den Menschen, die selbstgerecht über sie urteilen, den Spiegel vorhält und ihnen zeigt: »Auch ihr seid nicht unfehlbar. Nur wenn ihr selbst unfehlbar wärt, dürftet ihr über sie urteilen. Und da ihr das nicht sein könnt, dürft ihr es nicht.« Und er überlässt es den Männern, selbst zu entscheiden, ob sie ihr gewalttätiges Verhalten weiter rechtfertigen können. Er bewahrt die Frau also nicht vor der Gewalt der Männer, indem er diese seinerseits angreift, sondern indem er sie dazu aufruft, die Ähnlichkeit zwischen ihnen und der Frau anzuerkennen. In dem Moment, in dem ein Mensch uns nahekommt, wir uns mit ihm verbinden und uns ihm, warum auch immer, zugehörig fühlen, können wir ihn nicht mehr bekämpfen. Das weiß Jesus und darauf setzt er. Jesus lässt das falsche Verhalten der Frau aber auch nicht einfach so stehen und sagt nichts weiter dazu, sondern er erwartet von der Ehebrecherin: »Lass dein liebloses Verhalten künftig sein!« (»Gehe hin und sündige nicht mehr.«) Er benennt ihr Verhalten als falsch und lieblos und zeigt ihr einen Weg, wie sie wieder in die Liebe zurückkehren kann. Hätte er zugelassen, dass die Männer sie steinigen, wäre diese Rückkehr zur Liebe nicht möglich gewesen. Er zeigt also den wichtigen Unterschied zwischen klarem Benennen eines *Verhaltens* als lieblos und falsch und dem Verurteilen und damit letztlich Vernichten der *Person*. Und nebenbei wird in dieser Geschichte auch deutlich, dass für Jesus kein Unterschied zwischen Männern und Frauen besteht. Denn er hilft der Frau, indem er den Männern zeigt, dass sie nicht so anders sind als sie.

Bei der »blutflüssigen Frau«, der Frau, die – wie die Bibel berichtet – seit zwölf Jahren unter einer ständigen Monatsblutung leidet, zeigt er auf, dass er bereit ist, jeden Menschen anzunehmen, egal, in welchem Zustand. Er zeigt keine Abscheu vor dem weiblichen Körper mit seinen Funktionen, auch wenn diese »aus den Fugen« geraten sind. Diese Frau nähert sich ihm in einer Menschenmenge, die ihn begleitet, weil er ein Kind vor dem Tod retten soll. Sie berührt sein Gewand und tut damit etwas, was sie nach den Regeln ihrer Religion niemals tun dürfte. Sie gilt durch die Blutung als

»unrein« und darf sich keinem heiligen Mann nähern. Jesus bemerkt die Berührung und fragt, wer ihn berührt habe. Als die Frau sich zu erkennen gibt, sagt er zu ihr: »Meine Tochter, dein Glaube hat dich gesund gemacht, gehe hin in Frieden und sei gesund von deiner Plage!« (Markus 5,34) Indem er »meine Tochter« zu ihr sagt, erkennt er an, dass sie genauso dazugehört wie jeder andere auch und dass sie wie jeder Mensch ein Recht auf eine enge Beziehung zu ihm hat. Obwohl die Frau eine wichtige gesellschaftliche Regel bricht, tadelt Jesus sie dafür nicht. Sie hat zwar das Gesetz überschritten, aber weil dadurch niemandem Schaden zugefügt wurde, akzeptiert er ihr Verhalten. Mehr noch, er wendet sich ihr zu. Und weil die Liebe zwischen beiden fließen kann, wird die Frau geheilt. Jesus benennt dabei ausdrücklich nicht sich in seiner göttlichen Macht als die Ursache der Heilung, sondern macht klar, dass die Ursache in der Frau selbst, in ihrem Glauben, ihrer Bereitschaft, zu lieben und ihre Angst zu überwinden, liegt: »Dein Glaube hat dich gesund gemacht.«

Als er selbst einmal eine Regel bricht, indem er am Sabbat heilt, zeigt er, dass Regeln zwar wichtig sind, aber niemals wichtiger als die Menschen (»Der Sabbat ist für die Menschen da, nicht der Mensch für den Sabbat«, Markus 2,27).

Mit dem Gleichnis vom verlorenen Sohn (Lukas 5, 11–32) erzählt Jesus uns etwas davon, wie wir Gottes bedingungslose Liebe verstehen können. Ein Vater hat zwei Söhne, von denen der eine immer bei ihm bleibt und ihm auf dem Hof hilft und der andere in die Welt zieht und sein Erbe verprasst. Erst als er ganz unten ist, ohne Geld und ohne Freunde, entsinnt er sich, dass er einen Vater hat, zu dem er zurückkehren kann. Er tut dies voller Demut und in Bereitschaft, sich auch auf die niedrigste Arbeit zu Hause einzulassen. Der Vater aber freut sich darüber, dass der Sohn wiedergekommen ist, und lässt ein Kalb für ihn schlachten. Der andere Sohn versteht dies nicht und klagt den Vater an, dass er ungerecht handle, denn schließlich sei er derjenige gewesen, der die ganze Zeit da gewesen sei.

Der abtrünnige Sohn hat sich wirklich nicht gut benommen und kein liebevolles Leben gelebt. Er hat das »Land seines Vaters« verlassen, die Liebe verhöhnt. Jesus berichtet uns davon, dass diese Lebensentscheidung nicht dazu geführt hat, dass es diesem Sohn gut ging, jedenfalls nicht langfristig. Irgendwann ist er am Ende. Er ist ausgelaugt, er kann nicht mehr, er weiß nicht mehr weiter. Er glaubte, er sei schlauer als sein Vater und er bräuchte seinen Vater nicht, und muss erkennen, dass er in die Irre gegangen ist. Er kehrt zum Vater zurück, bereit, seinen Irrtum zuzugeben. Und bereit, die Strafe für seinen Hochmut und seine Lieblosigkeit anzunehmen. Aber – oh Wunder – der Vater bestraft ihn nicht, im Gegenteil. Er freut sich einfach nur, dass er zurückgekehrt ist, dass er wieder da ist, dass er verstanden hat, was wirklich wichtig ist. Und er heißt den Sohn aufs Herzlichste willkommen. Für den anderen Sohn, der immer alles richtig gemacht hat, ist das nicht zu verstehen und er ist sauer. Er ist der Idee verhaftet, dass man sich Gottes Liebe verdienen muss, und findet nun, dass sie nur ihm zusteht, denn er hat schließlich alles getan, was von ihm erwartet wurde. Und

Gott erklärt ihm, dass seine Liebe auch für diesen Sohn die ganze Zeit bedingungslos war. Damit wird klar: Wenn wir Gutes tun, sollen wir das nicht, weil wir dafür belohnt werden wollen. Das werden wir nicht. Die anderen werden nicht schlechter dastehen als wir, damit müssen wir leben. Wenn wir Gutes tun, dann weil es sich gut anfühlt und weil es für uns gut ist, nicht aus der Liebe herauszugehen. Und nicht, weil wir damit irgendetwas gewinnen und ein anderer verliert.

Gefragt nach dem wichtigsten Gesetz für ein gutes Leben sagt Jesus: »Liebe Gott von ganzem Herzen und deinen Nächsten wie dich selbst.« Mehr ist nicht nötig. Damit ist im Grunde alles gesagt. Ich soll in inniger Beziehung zu Gott, also zur bedingungslosen Liebe, sein und dann liebe ich automatisch mich selbst und den anderen auch. Es gibt keine Trennung, wir sind alle miteinander verbunden. Wenn ich das berücksichtige, ist alles gut. Das heißt, dass ich auch meine Feinde lieben kann, auch dann, wenn ich überhaupt nicht billige, was sie tun. Wenn es lieblos ist, kann ich es nicht billigen, und ich werde auch nicht so tun, als täte ich das. Lieblosigkeit ist immer falsch, das macht das Gebot der Gottes-, Nächsten- und Selbstliebe deutlich. Aber der Mensch, der lieblos ist, ist noch immer ein Mensch wie ich, ein Nächster und darum kann und muss ich ihn lieben, denn die bedingungslose Liebe meint ihn genauso wie mich. Wenn ich dann »die andere Wange« hinhalte, heißt das eben nicht, dass ich mich der Lieblosigkeit, dem Missbrauch, der Gewalt oder was auch immer klaglos unterordne und »gute Miene zum bösen Spiel« mache. Es heißt nur, dass, wenn mir ein Mensch mit Gewalt begegnet, ich eben nicht mit derselben Gewalt antworte. Ein Mensch, dem ich lieblos begegne, wenn er lieblos ist, wird wohl kaum zur Liebe zurückkehren. Oder haben Sie sich schon einmal einsichtig und sanftmütig gezeigt, wenn jemand auf ein Verhalten von Ihnen aggressiv und verurteilend reagiert hat, selbst wenn Sie sich vielleicht wirklich nicht korrekt verhalten haben?

Im Laufe seines Lebens hat Jesus noch sehr viele Beispiele für die bedingungslose Liebe und ihr Wirken in unserem Leben gegeben. Ich kann sie nicht alle hier aufführen, aber vielleicht haben Sie Lust bekommen, sich selbst einmal auf die Spur zu machen und die Bibel mit neuen Augen zu lesen.

Am Ende seines Lebens ist es Jesus zugemutet, dass er angegriffen und getötet wird. Die Kreuzigung ist die größte Herausforderung für die bedingungslose Liebe, die man sich denken kann. Jesus wird für die vielen Regelübertretungen, die er begangen hat, angeklagt und zum Tode am Kreuz verurteilt. Ich verstehe das so: Die Menschen, die die Angst als ihren »Gott« im Leben haben, können mit Menschen, die die Liebe zum Meister erheben, nichts anfangen. Das Beispiel der Liebe verstärkt ihre Angst, bis sie sich selbst in die Liebe begeben. Wenn das nicht gelingt, muss die Angst die Liebe töten, denn aus der Angst heraus die Liebe gelten zu lassen, ist nicht möglich. Wenn die Angst die höchste Autorität bleibt, wird sie immer versuchen, die Liebe zu vernichten. Denn die Angst braucht starre Regeln und Gesetze, die nie übertreten werden dürfen. Die Angst braucht die Kontrolle und wird deshalb zwanghaft darauf bestehen, dass Gesetze eingehalten werden, egal, wie unsinnig sie erscheinen mögen. Die Liebe fragt nach dem Menschen, nicht nach dem Gesetz und so handelt Jesus. Es war also nur konsequent, dass die ängstlichen Menschen um Jesus, den ich als Personifizierung der bedingungslosen Liebe verstehe, danach trachteten, ihn zu fangen und zu töten. Ich meine nicht, dass diese »Widersacher Jesu« böse Menschen waren. Es waren Menschen, die nicht aus ihrer Angst herauskonnten und zugelassen haben, dass die Angst ihr Handeln bestimmt.

Und wenn Jesus doch Gottes Sohn war, wieso rettet Gott ihn dann nicht? Wieso mutet ein Vater einem Sohn eine solche Grausamkeit zu? Das ist wirklich nicht leicht zu verstehen. Denn wenn Gott die bedingungslose Liebe ist – und davon berichtet Jesus ausnahmslos –, dann kann er diese Kreuzigung nicht deswegen zulassen, weil der Sohn bestraft werden soll, und sei es auch nur stellvertretend. Ein bedingungslos liebender Gott straft nicht. Das wird im Gleichnis vom verlorenen Sohn sehr deutlich berichtet. Es scheint, als bliebe Gott angesichts des Leids, das auf seinen Sohn zukommt, stumm, als würde es ihn nicht interessieren. Wenn er mitfühlend wäre, müsste er es doch verhindern, dass der Sohn leidet. Warum tut Gott nichts?

Weil Gott, anders als die Menschen, viel tiefer blicken kann. Er weiß, dass seinem Sohn in seinem Kern nicht geschadet werden kann, dass er nicht vernichtet werden wird. Er weiß um die Unsterblichkeit und dadurch um die letztendliche

Unverletzlichkeit seines Sohnes. **Und genau um diese absolute, noch im tiefsten Leid und im schlimmsten Angriff liegende Unversehrtheit geht es Gott.** Davon soll Jesu Leben zeugen, diese Botschaft soll Jesus uns mit seinem Leben bringen. Denn die Geschichte hört nicht mit der Kreuzigung auf, das wird beim Reden über die christliche Religion oft vergessen. Die Kreuzigung ist ein »Durchgangsstadium,« ein Ort der Wandlung, ein Sprungbrett für das Erleben, dass die bedingungslose Liebe, egal, wie sehr versucht wird, sie zu vernichten, am Ende immer übersteht. Dass sie nicht vernichtet werden kann. Man kann sie kurzfristig niederringen und dann scheint es, als hätten die Angst und damit Hass und Gewalt den Sieg davongetragen. Aber Jesus steht wieder auf. Nicht mehr so, wie er vorher war, sondern verwandelt. Die Liebe bleibt und Jesu Wirken und die Botschaft der Liebe bleiben auch in der Welt, mittlerweile schon mehr als 2000 Jahre lang. Auch wenn die Angst bis zum heutigen Tag versucht, diese Botschaft zu vernichten. Nicht, weil sie böse ist oder schlecht. Sondern weil sie der Liebe nicht traut.

Die Botschaft der Kreuzigung ist eben keine Botschaft über die Heiligkeit und Besonderheit des Leids, darüber, dass wir leiden müssen, um gut zu sein oder um Jesus nachzufolgen. Auch mit noch so viel Leid verdienen wir Gottes Liebe nicht. Weil sie nicht verdient werden kann und muss. In der Welt gibt es Leid, weil es »Nicht-Liebe« gibt, die Angst. Und warum das so ist, wird wohl immer letztendlich ein Geheimnis bleiben. Aber wenn wir Leid erleben, ist das eben nicht ein Zeichen für die Strafe Gottes oder dafür, dass wir etwas falsch gemacht haben. Es ist aber auch kein Zeichen dafür, dass Gott fern ist, auch wenn es sich so anfühlen mag. Wir alle wissen, dass wir umso mehr leiden, je weniger Liebe wir zulassen. Wenn Sie körperlichen Schmerz aushalten müssen, wenn Sie seelisch angegriffen werden und Sie sich dann von allen zurückziehen und die Verbindung zur Welt abschneiden, dann leiden Sie umso mehr. Wenn Sie aber im Vertrauen auf die Liebe bleiben, die Verbindung spüren und sie immer wieder gezielt herstellen, dann geht es Ihnen besser, selbst dann, wenn sich die Umstände nicht ändern lassen. Dann werden Sie irgendwann aus diesem Leid hinausfinden und Sie werden danach verwandelt sein. Freundlicher, sanftmütiger, mitfühlender. Anders. Das ist die Botschaft der Kreuzigung und der wahre Jesus ist nicht der gekreuzigte Jesus, es ist der auferstandene Jesus. Ich halte es vor diesem Hintergrund tatsächlich für problematisch, dass der gekreuzigte Jesus so präsent in den meisten Kirchen ist. Mir ist klar, dass der auferstandene Jesus sehr viel schwerer darzustellen ist. Aber ich würde mich in Kirchen noch viel wohler fühlen – und ich gehe gerne in Kirchen –, wenn dort mehr vom auferstandenen Jesus zu sehen wäre und der Gekreuzigte nicht so im Mittelpunkt stände.

Ich möchte jetzt noch einmal auf die Begriffe zurückkommen, die so stark mit dem Christentum verbunden sind und die ich weiter oben erwähnte: Erbsünde, Versuchung, Schuld, Sühne, Strafe, Buße, Opfer, Leid, Vergebung, Demut, Erlösung, Bekehrung, Jüngstes Gericht, göttliche Gnade. Ich möchte diese Begriffe unter der Annahme anschauen, dass

Jesus recht hatte und Gott die bedingungslose Liebe ist, und ihre Bedeutung entsprechend erfassen.

Erbsünde: Die Erbsünde ist die Erfahrung des Getrenntseins, die Menschen machen, wenn sie Dinge einteilen in Gut und Böse, in Richtig oder Falsch. Sie erleben sich dann als vereinzelt, isoliert und sie glauben, dass sie selbst falsch oder böse sein können, und schämen sich ihres Menschseins. Dies ist tatsächlich ein Erbe der Menschheit, allerdings nicht als Folge einer falschen Tat. Und wenn wir um dieses Erbe wissen, müssen wir uns eben nicht deswegen schlecht fühlen, sondern wir werden darauf aufmerksam gemacht, dass es im Leben immer diese beiden Wahlmöglichkeiten gibt: die Trennung zu wählen oder die Verbundenheit. Wir können selbst erleben, wie schmerzhaft es ist, wenn wir uns ohne Liebe abgrenzen (Verlust des Paradieses), und wir können selbst jederzeit die Botschaft Jesu annehmen, um uns wieder zu verbinden (das Paradies zurückgewinnen).

Versuchung: Da ich den Teufel mit der Angst gleichsetze, wäre die Versuchung die Erfahrung, dass die Angst unser Handeln bestimmen will. Wenn wir beispielsweise einem anderen Menschen oder uns selbst geschadet haben und die Liebe von uns verlangt, dass wir Verantwortung übernehmen, Mitgefühl äußern und aus dem Schaden unsere Lehre ziehen, dann könnte die Angst kommen und uns beispielsweise sagen, dass wir dann ganz schlecht dastehen, dass wir bestraft werden könnten, dass es doch besser wäre, so zu tun, als hätten wir gar nichts gemacht. Vielleicht sagt die Angst dann auch noch, dass wir jetzt wirklich etwas tun sollten, um uns besser zu fühlen, wie Süßigkeiten essen oder Alkohol trinken oder über andere tratschen, damit wir uns überlegen fühlen können oder anderes. Das alles sind Versuchungen. Eine böse Macht, gar der Teufel, ist dahinter aber nicht zu erkennen. Nur die Angst.

Schuld: Wenn wir uns selbst oder anderen Menschen geschadet haben, dann erleben wir ein Gefühl von Schuld und das ist gut so. Denn dann sind wir aus der Liebe herausgefallen und die Liebe möchte, dass wir wieder zu ihr zurückkehren. Darum gibt es das schlechte Gewissen, das uns zeigt, dass wir lieblos waren.

Sühne: Die Sühne ist die Bereitschaft, Verantwortung zu übernehmen dafür, dass ich lieblos war.

Buße: Ist das Verhalten, das ich zeige, damit ich wieder zur Liebe zurückkehre, Anerkennen des Leids des anderen, Mitgefühl für sein Leid, mein Herz für den anderen öffnen.

Strafe: Ist die Konsequenz, die ich aus meinem lieblosen Verhalten ziehe. Wenn ich zum Beispiel einem anderen etwas weggenommen habe, dann verzichte ich jetzt darauf und gebe es zurück. Und weil der Schaden trotzdem nie ganz wiedergutzumachen ist, gebe ich etwas mehr, als ich genommen habe, auch wenn mir das schwerfällt.

Opfer: Es gibt das Opfer, das aus der Liebe heraus geschieht, und das Opfer aus Angst. Das Opfer aus Angst entsteht oft aus einem Schuldgefühl heraus und ist kein Ausdruck von Liebe. Ein Beispiel: Ich verzichte auf eine wichtige berufliche Veranstaltung, weil mein Mann einen Termin hat, bei dem er sich meine Unterstützung wünscht. Wenn das aus der Liebe heraus geschieht, wird mich dieses Opfer nicht schmerzen und ich werde keinen Groll empfinden. Wollte ich aber eigentlich lieber auf die Veranstaltung und habe meinem Mann nur zugesagt, weil das Schuldgefühl gesagt hat, ich solle nicht so egoistisch sein und es sei meine Pflicht als Frau, meinen Mann zu unterstützen, dann werde ich zwar mitgehen, aber Groll empfinden. Und diesen Groll wird man mir früher oder später auf die eine oder andere Art anmerken. Ein Opfer aus Liebe stärkt die Beziehung zum anderen und stärkt auch mich selbst, ein Opfer aus Angst und Schuldgefühlen heraus schwächt das ganze System.

Leid: Leid geschieht, und zwar jedem Menschen. Dagegen kann niemand etwas tun. Die Liebe gibt dem Leidenden Mitgefühl und Unterstützung und die Liebe will immer, dass das Leid so schnell wie möglich überwunden wird. Die Liebe denkt niemals, dass wir Leid verdient haben, selbst dann nicht, wenn wir tatsächlich falsch gehandelt haben. Sie weiß, dass Leiden keinen Wert an sich hat oder uns gar über andere Menschen stellt. Die Liebe ist geduldig mit dem Leid, ist aber auch bereit zuzulassen, dass es sich auflöst.

Vergebung: Vergebung bedeutet, dass die Liebe wieder fließt. Wenn ich auf einen anderen Menschen oder auf mich selbst wütend bin, dann verschließe ich mein Herz und nehme die Verbindung zwischen mir und dem anderen nicht wahr. Vergebung bedeutet, dass ich mein Herz wieder öffne, in dem Wissen, dass der andere nicht so anders ist als ich, und oft genug auch in dem Wissen, dass er mir nicht schaden *wollte*. Vergebung aus der Liebe heraus bedeutet nicht, dass ich mich über den anderen stelle. Ich sage nicht: »Ich bin ja im Grunde besser als du, denn so etwas Falsches und Böses, wie du getan hast, könnte ich niemals tun. Aber da ich so großzügig bin, vergebe ich dir.« Vergebung heißt auch nicht, dass ich meine Gefühle von Wut und Verletztheit nicht haben oder nicht äußern darf. Ich darf mich erst einmal um die Wunde kümmern, die die Verletzung geschlagen hat. Und vielleicht brauche ich es dafür erst einmal, mein Herz zu verschließen und mich zurückzuziehen. Wenn ich dann so weit bin, öffne ich das Herz wieder, weil ich weiß, dass ich selbst mir den größten Schaden zufüge, wenn ich die Verbindung dauerhaft kappe.

Demut: Demut bedeutet nicht, mich kleinzumachen oder mich einem anderen Menschen zu unterwerfen, weil dieser besser ist als ich. Demut aus der Liebe heraus bedeutet, dass ich anerkenne, dass ich nicht immer alles richtig mache, dass ich nicht alles weiß und dass ich manchmal mir oder anderen schade. Demut ist die Fähigkeit, sich selbst in all seinen Möglichkeiten und Grenzen klar zu sehen und Verantwortung für sich selbst zu übernehmen, eben gerade ohne sich selbst zu verdammen oder kleinzumachen. Demut bedeutet auch, um meine Stärken zu wissen, ohne dass ich mich dadurch über andere Menschen erhebe oder mich als etwas Besseres als sie fühle.

Erlösung: Wenn ich lange in der Trennung und mit verschlossenem Herzen gelebt habe, dann bedeutet eine Rückkehr zur bedingungslosen Liebe eine Erlösung, die ich auch unmittelbar körperlich spüren kann. In der Angst fühlt sich der gesamte Organismus gefangen und elend, und wenn dann die Liebe wieder fließen kann, löst sich die Spannung auf und wir können wieder frei atmen und die Welt mit anderen Augen sehen.

Bekehrung: Wenn in meinem Leben die Angst meine höchste Autorität gewesen ist und ich mein Verhalten zumeist von der Angst bestimmen lasse, dann werde ich kein gutes Leben führen können und ich werde mir und anderen Menschen oft schaden. Eine Bekehrung bedeutet, eine neue Wahl zu treffen, statt der Angst die bedingungslose Liebe zur obersten Autorität in meinem Leben zu machen und mein Verhalten zukünftig daran auszurichten.

Jüngstes Gericht: Im Moment unseres Todes kehren wir automatisch wieder in die bedingungslose Liebe zurück. Wenn wir in unserem Leben sehr viel Angst gehabt haben und unser Verhalten sehr stark von der Angst bestimmt war, dann bekommen wir dies – eingebettet in die Liebe – noch einmal vor Augen geführt.

Göttliche Gnade: Die bedingungslose Liebe an sich. Die Liebe, die allumfassend ist und ewig. Der Ausgangspunkt, der Endpunkt, das über die Zeit Hinausweisende. Die Gnade Gottes ist unbegrenzt und dadurch letztlich formlos. Sie ist eine Kraft, die immer zur Verfügung steht und die uns hilft, selbst in der Liebe zu bleiben und unser Verhalten von ihr bestimmen zu lassen.

Ich bin sicher, dass die Begriffe und die damit verbundene Botschaft im Ursprung so gemeint gewesen sind. Im Detail können sich Unterschiede ergeben, aber nicht im Ausgangspunkt der bedingungslosen Liebe. Jesus hat die Welt mit den Augen der bedingungslosen Liebe gesehen und die ganze Bibel ergibt nur Sinn, wenn man sie aus der Liebe heraus versteht. Dann ist sie eine Quelle von Kraft, die ich zu schätzen gelernt habe. Selbstverständlich können Sie der bedingungslosen Liebe auch begegnen und Ihr Leben aus ihr heraus leben, wenn Sie niemals eine Bibel in der Hand hatten und auch wenn Sie noch nie von Jesus und seiner Botschaft gehört hätten. Denn den Inhalt der Botschaft hat Jesus nicht erfunden, er ist nur gekommen, um uns daran zu erinnern. Die Botschaft selbst ist in unsere tiefe innere Menschlichkeit eingeschrieben und so hat jeder Mensch zu ihr Zugang. Ich finde den Zugang über die Bibel mittlerweile für mich sehr schön und nährend. Es ist etwas anderes, ein Buch zu lesen, das über Jahrtausende andere Menschen inspiriert, gelenkt und geleitet hat und das weltweit für Menschen Bedeutung hat, als ein noch so interessantes Buch, das nur von einem kleinen Kreis Menschen gelesen wird. Aber wie gesagt, notwendig ist es nicht, diesen Zugang zu wählen, es gibt viele, viele andere.

Anregung:
Lassen Sie das letzte Kapitel mit seinen beiden unterschiedlichen »Geschichten« über die Bibel und Jesus noch einmal Revue passieren. Wie geht es Ihnen jetzt? Hat sich Ihr Blick auf Jesus und die Botschaft seiner Lebensgeschichte gewandelt oder haben Sie sie sowieso schon immer eher so verstanden, wie ich sie erst jetzt verstehen kann? Oder bleiben Sie skeptisch und denken, dass ich mir diesen »ganzen alten Mist« nur schönrede? Wie auch immer Sie reagieren, nehmen Sie es wahr und beobachten Sie, was Ihre Einschätzung mit Ihrem Weltbild und mit Ihrer Beziehung zur Liebe macht.

DIE BEDINGUNGSLOSE LIEBE HEUTE

Dass das Christentum durchaus als Zugang zur bedingungslosen Liebe taugen kann, ist für mich ein Fakt. Wie aber wirken Liebe und Angst in unserem Leben heute? Wie kann heute ein Leben, das sich von der bedingungslosen Liebe gehalten und getragen weiß, aussehen und wie sieht dagegen ein Leben aus der Angst heraus aus?

Wenn Sie sich mit dieser Liebe verbunden fühlen, dann erleben Sie sich selbst als lebendig, frei, geborgen und sicher. Und zwar relativ unabhängig von den äußeren Umständen. Viele Menschen glauben, dass es bestimmte Kontexte sind, die dazu führen, sich gut zu fühlen. Das stimmt aber so nicht ganz. Natürlich tragen äußere Bedingungen zu unserem Wohlbefinden bei. Wenn einem kalt ist, man hungrig ist oder sich gar in existenzieller Gefahr oder Not befindet, ist es sicher schwierig, sich gut zu fühlen. In solchen Situationen wünschen sich Menschen immer eine Veränderung der Umstände, weil diese, wenn man so will, nicht liebevoll sind. Man könnte sagen, dass unmenschliche Kontexte einfach nicht ausdrücken, dass wir ein Kind der Liebe sind, und darum fühlen sie sich immer falsch an. Dieses Gefühl von »falsch« entspricht dem Erleben, das man hätte, wenn man mit einem auf dem Rücken verdrehten Arm versuchen würde zu leben. Es tut immer mehr weh und irgendwann wird es unerträglich und die Umstände müssen verändert werden.

Über viele, viele Jahrhunderte und noch heute in vielen Teilen der Welt lebten und leben Menschen unter Umständen, die nicht die bedingungslose Liebe spiegeln. Das ist falsch und muss geändert werden. Dass Menschen sich für solche Veränderungen eingesetzt, immer wieder für Freiheiten und Rechte gekämpft und dieses Gefühl von »falsch« konsequent ausgedrückt haben, hat für uns in Deutschland im 21. Jahrhundert dazu geführt, dass wir tatsächlich in einer Umgebung und mit Möglichkeiten leben, die für die meisten Menschen, die auf diesem Planeten seit Anbeginn der Zeit gelebt haben, das reinste Paradies gewesen wären. Und das ist wunderbar und ich bin dafür jeden Tag aufs Neue dankbar. Aber wie kann es dann sein, dass in eben diesem Deutschland Tag für Tag viele, viele Menschen unglücklich sind und das Gefühl haben, kein gutes Leben haben zu können? Wieso bekomme ich jeden Tag Anfragen über Anfragen nach Psychotherapie, häufig verbunden mit der Schilderung größter emotionaler Verzweiflung? Wenn es tatsächlich nur der Kontext wäre, der dafür sorgt, dass es uns gut geht, müssten die Deutschen sich sehr gut fühlen. Das tun sie aber nicht. Sie fühlen sich eben nicht bedingungslos geliebt, gemeint, verbunden, frei, sicher, geborgen und stimmig. Ein menschenwürdiges Leben ohne Hunger, ohne existenzielle Gefahr durch andere Menschen, mit Zugang zu sauberem Wasser, Bildung und einer Zukunftsperspektive steht jedem Menschen auf dieser Welt zu. Weil die Liebe dies für jeden Menschen wünscht. Aber wenn ich eben diese Liebe nicht fühlen kann, nicht spüre, dass sie für mich da ist, dann fühle ich mich unabhängig von noch so wunderbaren Umständen schlecht. Andersherum gibt es Menschen, die wirklich in schrecklichsten Umständen leben, in denen kein Mensch leben sollte, und die sich dennoch subjektiv freier, geborgener und geliebter fühlen als ein äußerlich gut aufgehobener Mensch der deutschen Mittelschicht beispielsweise. Wir in Deutschland haben hier das Fundament eines Kontextes, der ein gutes Leben möglich macht, das steht außer Frage. Wenn wir uns dennoch nicht gut fühlen, liegt das Problem woanders. Und dort, wo es auch in Deutschland Menschen gibt, die in unwürdigen, dringend zu verändernden Umständen leben, wird der Einsatz für Veränderungen umso kraftvoller, je mehr sich alle Beteiligten geliebt und verbunden fühlen.

Die Verkleidungen der Angst

Ich weiß nicht, ob es noch ein anderes Wort in unserer Sprache gibt, das so oft benutzt wird und dennoch so unklar ist wie das Wort Liebe. Es gibt eine Menge Verhaltensweisen, Gefühlsreaktionen, innere Haltungen, die als Liebe bezeichnet werden, aber nicht wirklich aus der allumfassenden bedingungslosen Liebe gespeist werden. Vieles von dem, was ich jetzt beschreiben werde, könnte man als Aspekte von *bedingter* Liebe beschreiben. Wenn es sich dabei aber um *bedingte* Liebe handelt, die nicht von der bedingungs*losen* Liebe als »Auffangnetz« getragen wird, dann ist das darunter liegende Motiv immer Angst. Die Angst, nicht mehr geliebt zu werden, die Liebe zu verlieren. Und wenn diese Angst im

Spiel ist, leben wir eben nicht aus der bedingungslosen Liebe heraus. Wir fühlen uns nicht frei, nicht sicher, nicht geborgen, nicht so, wie wir alle uns fühlen wollen.

Ich möchte einige typische Phänomene beleuchten, die im Zusammenhang mit Liebe oft erwähnt werden, die aber meiner Ansicht nach eben kein Ausdruck von Liebe sind, sondern ein Ausdruck von Angst.

Eifersucht

Neulich hörte ich in einem Café eine Frau am Nachbartisch, die sich lautstark darüber beschwerte, dass ihr Freund nicht eifersüchtig sei. Sie sagte: »Wenn ich jemanden liebe, dann bin ich doch auch eifersüchtig. Dann will ich ihn ganz für mich haben. Dass er nicht eifersüchtig ist, bedeutet für mich, dass ich ihm gleichgültig bin.« Wenn eine Freundin mir das erzählen würde, würde ich ihr widersprechen. Eifersucht ist die Angst, jemanden zu verlieren, die entsteht, weil man der Bindungskraft der Liebe nicht traut. Wenn ich den anderen bedingungslos liebe, dann werde ich auch zulassen, dass dieser andere sich auch für andere Menschen interessiert. Und wenn er ein Verhalten zeigt, das mich verletzt, also beispielsweise auf einer Party nur mit anderen Frauen redet und sich mir zu keinem Zeitpunkt zuwendet, dann werde ich ihm sagen, wie ich mich damit fühle. Wenn dann zwischen uns beiden wirklich Liebe herrscht, wird es meinem Liebsten nicht egal sein, dass sein Verhalten dazu führt, dass ich mich schlecht fühle, und wir können über das Problem reden. Ein solches Gespräch würde dann die Nähe zwischen uns vergrößern und dadurch mein Vertrauen stärken.

Ein Gespräch über Eifersucht wird jedoch oft zu einem Austausch gegenseitiger Vorwürfe. Und ein Vorwurf ist kein Ausdruck von Liebe! Mit einem offenen, bedingungslos liebenden Herzen kann ich keinen Vorwurf machen. Ich kann klar und deutlich sagen, dass ich ein Verhalten nicht mag, vielleicht sogar absolut nicht bereit bin, es zu tolerieren. Aber mit einem Vorwurf sage ich dem anderen, dass nicht sein Verhalten für mich ein Problem ist, sondern seine Person. Ein Vorwurf ist immer eine Verurteilung und die Liebe verurteilt nicht. Die Liebe fühlt die Verbindung zum anderen, hält aber auch aus, dass der andere ein Mensch ist, der in seinem Ich-Sein von mir getrennt ist und ein Recht auf ein eigenes Innenleben hat, das er mit mir nicht teilt. Wir Menschen leben in einer Paradoxie, denn einerseits sind wir ganz verbunden, andererseits sind wir aber auch wieder in unserer Individualität ganz abgegrenzt und nur für uns. Beides zusammen macht ein gutes Gefühl aus und die Liebe erlaubt mir, beides zu sein.

Wenn also Eifersucht und Vorwürfe im Spiel sind, dann regiert nicht die Liebe, dann regiert die Angst. Und dann gilt es, die Angst mit Liebe zu beruhigen und aufzulösen. Und zwar mit meiner eigenen bedingungslosen Liebe, nicht mit der des anderen. Wenn ich also einmal eifersüchtig bin, dann weiß ich, dass ich aus der Verbindung zur Liebe herausgefallen bin, und dann sehe ich zu, dass ich ganz schnell wieder zu ihr zurückkehre.

Fühle ich meine Liebe wieder, dann trägt sie mich, dann gönne ich dem anderen, ein anderer zu sein, mit mir verbunden, aber auch durch seine Einzigartigkeit getrennt, und dann geht es mir wieder gut.

Einseitige Liebe

Echte Liebe ist immer gegenseitig. Nähe, Wärme, Verbindung, Zugehörigkeit ist etwas, das zwischen zwei Menschen entsteht und immer eine gemeinsame Schöpfung ist, an der beide teilhaben. Jede Beziehung, nicht nur partnerschaftliche, auch jede andere, ist immer ein gemeinsamer Tanz von Nähe und Distanz. Dabei kann es durchaus sein, dass der eine mehr für den Ausdruck der Nähe zuständig ist und der andere für die Schaffung der notwendigen Distanz. Und wenn dies sehr unausgewogen verteilt ist, kann es so aussehen, als würde der, der Nähe sucht, lieben und der, der Distanz sucht, nicht. Das ist aber nicht der Fall. Jede Liebe lebt immer von beiden Kräften. Angenehmer ist es natürlich, wenn beide Personen sich sowohl um die Nähe als auch um die Distanz in der Beziehung kümmern, damit fühlen sich die meisten Menschen wohler. In guten Beziehungen sorgen beide Beteiligten dafür, dass genug Gelegenheit für Nähe entsteht, es aber auch immer wieder die Möglichkeit zum Rückzug aus der Nähe gibt, der beiden erlaubt, sich in ihrer Einzigartigkeit zu erleben. Eine solche Beziehung bleibt lebendig und freudvoll und dennoch fühlen sich beide Beteiligten in ihr auch sicher und geborgen und vertrauen der Bindung.

Wenn ein Mensch einseitig »liebt«, heißt das üblicherweise eher, dass diese Person sich Liebe wünscht, nicht, dass sie liebt. Sie verlässt sich nicht auf die Anziehungskraft ihrer Liebe und sie begegnet der anderen Person aus einem Zustand der Bedürftigkeit heraus und nicht auf Augenhöhe. Das passiert dann leicht, wenn ich eben nicht mit der allumfassenden Liebe in guter Verbindung bin und hoffe, dass der andere mir dabei hilft, mich selbst zu lieben. Und das funktioniert nie! Selbst wenn ich den anderen dazu bringe, sich mir zuzuwenden, vielleicht sogar mir zu sagen »Ich liebe dich«, wird das nicht viel nützen, denn ich werde diese Liebe nicht annehmen können. Statt Liebe ist hier Angst im Spiel. Die Angst, nicht gut genug zu sein, dem anderen sowieso nicht zu genügen, egal, wie viel ich für ihn tue. Die Angst verspricht mir die bedingte Liebe: »Wenn du nur gut genug, interessant genug, nachgiebig genug oder was auch immer bist, dann wird dich der andere vielleicht lieben. So wie du bist, kannst du nicht geliebt werden, das weißt du doch.«

Also, wenn Sie sich in einer einseitigen »Liebe« gefangen fühlen: Ziehen Sie Ihre Aufmerksamkeit von Ihrem Gegenüber ab und wenden Sie sich sich selbst zu. Geben Sie sich das, was Sie sich vom anderen wünschen, und entwickeln Sie die Eigenschaften, die Sie an Ihrem Gegenüber bewundern, in sich selbst. Dann wird der andere mit der Zeit entweder unwichtig werden oder die echte Liebe wird beginnen zu fließen.

Sorge

Wenn ich einer Mutter sage, sie solle sich nicht so viel Sorgen um ihr Kind machen, ernte ich üblicherweise mindestens verständnislose, wenn nicht gar empörte Blicke. »Ich liebe mein Kind, dann muss ich mir doch auch Sorgen machen.« Eben nicht. Sorge ist Angst, Sorge ist nicht Liebe! Fürsorge ist Liebe und da ist unsere deutsche Sprache etwas irreführend, weil die Sorge in diesem Wort enthalten ist. *Für* jemanden zu sorgen, ist aber etwas sehr anderes, als sich *um* jemanden zu sorgen. Fürsorge heißt, der andere ist mir wichtig. Wenn ich helfen, unterstützen kann, tue ich es. Ich höre zu, ich bin da, ich ermutige und bestärke und gegebenenfalls stehe ich tatkräftig zur Verfügung. Das tut die Liebe. Die Angst hingegen sagt: »Oje, ob du das wohl schaffst, ob du zurechtkommst, ob du dein Leben packst? Ob das Leben es wohl gut mit dir meint, ob Gott an deiner Seite ist? Ich bin mir nicht sicher. Was ist, wenn dies passiert, wenn jenes nicht gut geht?« Wenn Sie selbst sich gerade nicht gut fühlen und Sie wissen, dass Ihr Gegenüber mit dergleichen Gedanken oder Äußerungen ankommt, wäre das gut für Sie? Wollen Sie, dass sich jemand Sorgen um Sie macht? Stärkt Sie das, gibt Ihnen das Mut, fühlen Sie sich dann besser? Ich habe noch nie jemanden getroffen, der diese Fragen mit Ja beantwortet hätte.

Ich habe einmal von einem Freund, der an Krebs gestorben ist, gehört: »Es ist so angenehm, wenn du bei mir bist. Ich fühle mich mit dir so wohl, denn du bist, glaube ich, die einzige Person, die sich keine Sorgen um mich macht. Dir kann ich offen sagen, wie es mir geht. Bei den anderen verstelle ich mich oft, weil ich weiß, dass mein Zustand ihnen Sorgen bereitet. Und das strengt mich an.« Merken Sie, wie wenig positiv sich Sorgen auswirken? Sorgen sind immer Ausdruck von Angst und Angst ist keine gute Energie. Wenn Sie sich Sorgen machen, und das lässt sich natürlich nicht immer vermeiden, kümmern Sie sich um sich selbst. Geben Sie sich selbst Mut und Zuversicht, verbinden Sie sich mit der allumfassenden Liebe. Und dann erst treten Sie in Kontakt mit dem Menschen, um den Sie sich sorgen. Sagen Sie ihm, dass Sie an ihn denken, dass Sie mit ihm fühlen, dass Sie für ihn da sind. Aber sagen Sie nicht, dass Sie sich Sorgen machen. Und sorgen Sie dafür, dass Sie aufhören können, sich zu sorgen. Dann kann die Liebe wirksam sein, dann gibt die Liebe Kraft – und zwar allen Beteiligten.

Eine Spielart des Sorgens ist das Grübeln. Zu grübeln bedeutet, sich immer und immer wieder die gleichen Gedanken zu machen, ohne zu einem Ziel zu kommen. Grübeln ist etwas anderes als nachdenken. Nachdenken hilft dabei, ein Problem zu lösen. Wenn wir es tun, umkreisen wir das Problem und mit der Zeit kommen wir der Lösung immer näher. Wir spüren, dass unser Nachdenken einen Sinn hat, weil wir uns auf diese Weise die Lösung erarbeiten. Insofern fühlt sich das Nachdenken produktiv und nützlich an. Üblicherweise können wir vom Nachdenken auch mal eine Pause machen. Wir können etwas anderes tun, ohne dass wir uns zwanghaft immer wieder dem Problem zuwenden und dadurch die Gegenwart, in der wir uns gerade befinden, verpassen. Wenn ich gerade an einem Problem herumdenke und dann ins Kino gehe und einen schönen Film sehe oder etwas in der Art tue, dann kann ich mich ganz darauf einlassen und in die Geschichte eintauchen. Danach kann ich dann erfrischt wieder zum Nachdenken zurückkehren. Beim Grübeln ist das anders, denn das Grübeln wird von der Angst bestimmt.

Hinter dem Grübeln steckt im Grunde die Überzeugung, dass es gar keine Lösung geben kann. Grübeln ist eine Art permanenter stummer Protest gegen die Wirklichkeit. Die Gedanken kreisen und kreisen und bringen uns nirgendwo hin. Andere Menschen sagen vielleicht schon genervt, wir sollten doch nun endlich einmal loslassen und den Moment genießen, aber das scheint unmöglich. Oft wird dann tatsächlich mit Liebe und Fürsorge argumentiert, jedenfalls wenn man über etwas nachgrübelt, das andere Menschen betrifft. »Der andere ist mir eben wichtig, darum muss ich mir Gedanken machen.« Wenn Sie tatsächlich eine Lösung finden können, die den anderen, der in Not ist, unterstützt, dann ist das natürlich eine gute Sache und von der Liebe motiviert. Aber in den meisten Fällen ist das nicht so. Stattdessen ist die Angst dabei, uns vermeintliche Sicherheit vorzugaukeln: »Wenn du die Situation einfach nur hinnimmst, wird sie immer schlimmer werden. Du musst über alle Eventualitäten nachdenken und dir überlegen, was alles passieren könnte. Du musst die Situation unter deine Kontrolle bringen, sonst kannst du dich nicht entspannen.« Leider können Sie die Zukunft nicht unter Ihre Kontrolle bringen, nie. Die Zukunft beugt sich Ihnen einfach nicht, egal, wie viel Energie Sie aufbringen. Die Angst hat natürlich kein Vertrauen darein, dass Sie mit der Zukunft schon fertigwerden. Dieses Vertrauen hat nur die Liebe. Und darum hilft gegen das Grübeln nur, die Angst dahinter zu erkennen und die Angst mit Liebe zu beruhigen. Mithilfe des Grübelns die Neigung zum Grübeln zu verändern, wird niemals funktionieren. Das probieren sehr viele Menschen. Aber Sie können die Angst nicht mit sich selbst beruhigen. Ruhe, Frieden und Entspannung finden Sie nur, wenn die Liebe die Angst umarmt und auflöst.

Identifikation statt Mitgefühl

»Mir wird das jetzt alles zu viel mit meiner kranken Mutter und meinem Mann, der bei der Arbeit so viel Stress hat. Ich bin einfach viel zu mitfühlend, ich muss lernen, mir ein dickes Fell zuzulegen.« Das ist, in Details abweichend, eine Aussage, die ich in meiner Praxis oft höre. Wenn ich »dicke Felle« zu verkaufen hätte, wäre ich schon reich. Aber Sie brauchen kein dickes Fell. So etwas wie zu viel Mitgefühl gibt es nicht und ein dickes Fell benötigen Sie höchstens zum Anziehen im Winter, wenn es kalt ist. Ein dickes »Seelenfell« hingegen verhindert, dass wir das Leben fühlen, Verbundenheit und Freude erleben.

Es gilt zu unterscheiden zwischen Mitgefühl und Identifikation. Mitgefühl ist aus der Liebe gespeist und bedeutet, dass ich weiß, dass der andere leidet, und dass ich mich in seinem menschlichen Leid mit ihm verbunden fühle. Ich selbst habe auch schon gelitten, ich weiß, wie weh das tut. Ich weiß aber auch, dass Leid kommt und geht und dass es im Leid sehr wichtig ist, sich nicht allein und unverbunden zu fühlen. Also sende ich die Botschaft: »Ich sehe dein Leid und ich bin da. Du bist nicht allein, ich unterstütze dich, wenn ich kann.«

Identifikation heißt, ich fühle das Leid, das der andere hat, als wäre es mein eigenes. Wenn mein Gegenüber leidet, leide ich mit. Ich springe also in das Loch, in dem der andere schon sitzt. Und dann sitzen da zwei und leiden. Das ist nicht sehr sinnvoll und ist nicht von der Liebe gespeist. Sondern von der Angst. Die Angst sagt: »Es ist alles so schrecklich! Die Welt ist aber auch wirklich furchtbar, wie soll nur alles werden?!« Stellen Sie sich einmal vor, Sie gehen zu einer Psychotherapeutin, die mit Ihnen mitleidet. Würden Sie das wollen? Ganz davon abgesehen, dass ich meinen Beruf sicher schon lange nicht mehr ausüben könnte, wenn ich mit meinen Patientinnen mitleiden würde. Wie ginge es Ihnen, wenn ich auf die Schilderung Ihres Leidens hilflos entgegnen würde: »Das ist ja alles so furchtbar, wie halten Sie das nur aus?« Und Sie dabei merken würden, dass ich mich selbst von Ihrem Leiden niedergedrückt fühle? Sicher nicht besser. Dieselben Worte könnten allerdings auch das Mitgefühl, also die Liebe sagen, dann wäre aber keine Hilflosigkeit und keine negative Zukunftserwartung im Spiel und mir ginge es nicht schlechter, weil Sie mir von Ihrem Leid berichtet haben. Dann wären die Worte eine Würdigung des Leids und Ihrer Kraft, dieses Leid dennoch zu tragen. Das wäre dann etwas ganz anderes. Mitgefühl ist ganz nah bei dem anderen, aber es verschmilzt nicht mit ihm. Es behält immer noch eine Perspektive von außen, die es ermöglicht, etwas anderes wahrzunehmen als das Leid. Zuversicht zum Beispiel und einen Blick auf die Möglichkeit von Veränderung und Heilung. Identifikation kann das nicht, weil sie sich in den Fängen der Angst befindet.

Statt Identifikation könnten Sie auch Mitleid empfinden und dann erleben Sie sich als dem anderen nicht ebenbürtig, sondern überlegen. Mitleid kommt immer von oben herab, deswegen ist es so unbeliebt. Wenn Sie Mitleid ausdrücken, geben Sie die Botschaft: »Ach, du Armes, du musst ja schlimm leiden. Wie gut, dass es mir besser geht als dir!« Und verweigern damit Ihrem Gegenüber, was es am dringendsten braucht, nämlich die Verbindung von Mensch zu Mensch. Diese hilfreiche Verbindung und die Unterstützung, die daraus erwächst, kann nur die Liebe, also das Mitgefühl, geben.

Schneller Trost

»Bald ist alles wieder gut. Du schaffst das schon«, »Nimm es nicht so schwer, ärger dich nicht. Du hast gar keinen Grund, dich so zu fühlen«, »Andere sind noch schlechter dran als du«. Solche und ähnliche Aussprüche sind häufig gut gemeint und die Menschen, die so sprechen, wollen hilfreich und liebevoll sein. In vielen Fällen sind sie das aber nicht. Denn wenn diese Worte gesprochen werden, damit der leidende Mensch sich möglichst schnell wieder gut fühlt, dann steckt dahinter meistens nicht die Liebe, sondern die Angst. Viele Menschen halten es nicht aus, wenn es einem anderen Menschen schlecht geht und darum wollen sie eine schnelle Veränderung der Situation. Wichtig für einen leidenden Menschen ist es aber erst einmal, dass er seine Gefühle, so wie sie eben sind, haben darf und er dafür Verständnis und Mitgefühl erhält. Die Liebe nimmt den Menschen und das Leid an, ohne zu urteilen. Wenn es da ist, ist es da. Die Liebe hat Vertrauen, dass das Leid sich mit der Zeit verändern wird, dass Heilung möglich ist. Die Angst fürchtet, dass der andere in seinem Leid »hängen bleibt«, wenn er sich nicht möglichst schnell tröstet. Und möchte deswegen den anderen verändern. Dann fühlt sich der leidende Mensch jedoch unverstanden und gegebenenfalls unter Druck gesetzt. Möglicherweise hat er oder sie gar nicht mehr das Gefühl, sein Leid ausdrücken zu dürfen, und verbirgt es lieber, um niemanden zu beunruhigen. Das bedeutet dann aber, dass der leidende Mensch sich alleine gelassen fühlt, und die Liebe möchte niemals eine leidende Person alleine lassen. Liebevoller Trost erkennt immer erst einmal an, was ist. Er erlaubt dem Leidenden zu leiden. Und wenn sich das Gefühl dann schon etwas entspannt hat, die leidende Person sich wieder etwas zuversichtlicher fühlt, dann können die oben genannten Sätze hilfreich sein. Aber nur, wenn sie nicht gesprochen werden, um das Gegenüber zu verändern, sondern ausschließlich zur Unterstützung und Ermutigung.

Nachsicht

Wenn ich Patientinnen manchmal frage, warum sie sich nicht deutlicher gegenüber einem Verhalten abgrenzen, das sie ärgert, höre ich oft: »Dafür liebe ich ihn zu sehr.« Manchmal kommt dann auch die Aussage: »Vielleicht wäre es besser, wenn ich sie weniger lieben würde, dann könnte ich auch mal etwas sagen. Aber das kann ich ja nicht steuern.«

Diese Worte suggerieren, dass es möglich ist, einen Menschen zu sehr zu lieben. Das ist nicht der Fall. Eine andere Person zu lieben bedeutet nicht, sich nicht abgrenzen zu dürfen oder ein Verhalten nicht kritisch zu hinterfragen. Diese Nachsicht ist keine Liebe, sie ist gespeist aus Angst.

Angst, dass Disharmonie entstehen könnte, Angst, dass der andere sauer sein könnte und mich nicht mehr liebt. Angst, dass die Beziehung gestört wird. Die allumfassende Liebe kennt diese Angst nicht. Die Liebe weiß um ihre verbindende Kraft und die Liebe wird kein Verhalten dulden, das irgendwem schadet. Die Liebe meint eben nicht nur mein Gegenüber, sondern auch mich. Wenn ich geschädigt, überlastet, ausgenutzt werde, keinen Respekt erhalte, oder was auch immer, dann ist das für die Liebe nicht in Ordnung, und zwar ganz genau so, als wäre ein anderer betroffen. Und dann will die Liebe dafür sorgen, dass ich besser behandelt werde, und wird dies auch fordern. Es geht der Liebe nicht darum, dass ich gewinne und der andere verliert. Daran ist die Liebe nicht interessiert, denn dann wäre der andere geschädigt und das wäre in den Augen der Liebe genauso falsch. Wenn das Verhalten meines Gegenübers mich stört, dann werde ich das ausdrücken und deutlich machen, dass ich nicht bereit bin, dieses Verhalten dauerhaft hinzunehmen. Ich werde dem anderen zuhören, wenn er mir erklärt, warum er sich so verhält, und werde versuchen, ihn zu verstehen. Nicht, um dann nachzugeben, weil ich Verständnis habe, sondern weil Verständnis der Veränderung hilft. Aber dass eine Veränderung notwendig ist, daran halte ich weiterhin fest.

Auch das christliche Gebot zu vergeben kann in den Dienst der Nachsicht, also der Angst gestellt werden. Manche Menschen, die Angst vor Auseinandersetzungen haben, weil sie befürchten, dass dann die Liebe verschwindet, benutzen das Vergebungsgebot, um Konflikte zu vermeiden.

Wenn ihnen klar wird, dass das Verhalten des Gegenübers ihnen schadet, sprechen sie dies nicht an und verlangen vom anderen, das Verhalten abzustellen oder zu verändern. Sondern sie sagen sich: »Jesus hat uns gesagt, dass wir vergeben müssen, also vergebe ich meinem Nächsten sein Verhalten und dann ist alles wieder gut.« So hat Jesus das sicher nicht gemeint. Vergebung heißt niemals, dass ein Verhalten, das anderen schadet, nicht als solches benannt und verändert wird und dass Menschen für ihr schädliches Verhalten keine Konsequenzen tragen müssen. Vergebung heißt nur, dass ich mein Herz nicht vor dem anderen Menschen verschließe, dass ich anerkenne, dass er ein fehlerhafter Mensch ist wie ich. Vergebung heißt nie, falsches, schädliches Verhalten zu rechtfertigen oder durchgehen zu lassen. Denn dann stünde die Vergebung nicht im Dienst der Liebe, die schädliches Verhalten nicht tolerieren *kann.*

Anerkennung

Viele Menschen wünschen sich ihr ganzes Leben lang Anerkennung. Oft höre ich von meinen Patientinnen: »Wenn ich nur einmal ein Wort der Anerkennung von meinem Vater/meiner Mutter gehört hätte, das hätte mir so viel bedeutet. Dann hätte ich mich endlich geliebt gefühlt.«

Aber was heißt es eigentlich, wenn ich anerkannt werde, von wem auch immer? Wenn ich Anerkennung bekomme, heißt das in erster Linie, ich habe Bedingungen erfüllt. Ich bin den Erwartungen meines Gegenübers gerecht geworden. Dabei erlebe ich mein Gegenüber nicht als jemanden, der auf Augenhöhe mit mir ist, sondern als jemanden, der über mir steht und das Recht hat, mich zu beurteilen. Nur wenn Anerkennung »von oben« kommt, empfinden wir sie überhaupt als wertvoll. Von einem Menschen, den wir nicht respektieren, anerkannt zu werden, gibt uns nichts.

Da Anerkennung auf der Erfüllung von Erwartungen beruht, kann sie kein Ausdruck bedingungsloser Liebe sein. Also kann Anerkennung niemals dazu führen, dass ich mich wirklich in der Tiefe und ohne Wenn und Aber geliebt fühle. Das erklärt auch, warum so viele Menschen, wenn sie großen Erfolg haben, sich nicht daran erfreuen, sondern im Gegenteil eher depressiv werden, manchmal sogar suizidal. Diese Menschen haben sich oft, bevor sie große Anerkennung erfahren, vorgestellt, wie es sein würde. Sie haben erwartet, dass sie sich dann geliebt fühlen würden. Und das trat dann natürlich nicht ein.

Wenn ich mir Anerkennung wünsche und sie nicht erhalte, kann ich immer noch glauben, dass mir die Anerkennung irgendwann zuteilwerden wird und ich mich dann endlich geliebt fühlen werde. Wenn ich sie aber bekomme und mich dann immer noch nicht geliebt fühle, dann rückt die Liebe in unerreichbare Ferne – und das ist dann wirklich schlimm.

Wie schon so oft betont: Die Liebe sagt uns niemals, dass wir Erwartungen erfüllen müssen, um geliebt zu werden. Die Angst erzählt uns, dass Anerkennung und Liebe dasselbe sind. Und wie immer irrt die Angst.

Wenn wir uns bereits geliebt fühlen, dann kann Anerkennung natürlich angenehm sein und vielleicht dazu führen, dass wir mit etwas, was wir geleistet haben oder können, besonders zufrieden sind. Aber eine Quelle von Liebe ist

Anerkennung nicht. Sollten Sie also in Ihrem Leben häufig nach Anerkennung streben, überprüfen Sie einmal, ob Sie im Grunde auf der Suche nach Liebe sind. Dann ist die Suche nach Anerkennung nicht der richtige Weg für Sie.

Blinde Loyalität

Loyalität war für mich immer ein gutes Wort, und dass auch die Loyalität im Dienst der Angst stehen kann, war mir lange nicht klar. In der Behandlung von Patientinnen mit suchtkranken Partnern tauchte dieser Begriff aber häufig in einem problematischen Zusammenhang auf und das brachte mich dazu, genauer hinzusehen. So antwortete beispielsweise eine Patientin, der ich spiegelte, dass es nicht in Ordnung sei, die gesamte Umgebung einschließlich der Kinder anzulügen, um den Alkoholmissbrauch des Mannes zu decken: »Ich muss mich doch loyal verhalten, das ist doch mein Mann. Wenn ich ihn auffliegen lasse, ist das illoyal!« Noch problematischer zeigte sich das Loyalitätsgebot bei einer Familie, in der der älteste Sohn einen Unfall mit Fahrerflucht verursacht hatte. Alle Mitwisser wurden zur Loyalität verpflichtet. Mit anderen Worten: Sie wurden im Grunde dazu gezwungen, zu lügen und zu betrügen. Jeder Einzelne in dieser Familie hatte deswegen ein schlechtes Gewissen, aber keiner traute sich, die Wahrheit zu sagen, weil das illoyal gewesen wäre.

Im Dienst der Liebe ist Loyalität eine wunderbare Sache. Für mich bedeutet loyal zu sein, dass ich mich einem Menschen, weil er mir auf die eine oder andere Art nahesteht, besonders verpflichtet fühle, ihm also möglichst immer zur

Seite stehe, wenn er mich braucht. Insofern wäre es für mich beispielsweise eine Selbstverständlichkeit, einem Chormitglied oder einer meiner Cousinen zu helfen, wenn diese in Not wären, auch wenn ich ansonsten gar nicht so viel mit ihnen zu tun habe. Familien- oder Gruppenzugehörigkeit schafft den Rahmen für Loyalität und das ist für das Überleben der Menschheit immer sehr wichtig gewesen. Aber die Liebe wird niemals zulassen, dass ein anderer Mensch aufgrund dieser Loyalität zu Schaden kommt. Eine Familien- oder Gruppenloyalität darf nie dazu führen, dass jemand schlecht behandelt wird. Dabei ist es unbedeutend, ob jemand leidet, der nicht zur Gruppe gehört, oder ein Mitglied der Gruppe selbst. Im Falle des Sohnes, der Fahrerflucht begangen hatte, stand die Loyalität im Dienst der Angst. Alle hatten Angst vor den Folgen dieser Tat und das ist auch verständlich. Nur kann eben niemand den Folgen einer Tat entkommen, egal, wie sehr man es sich wünschen mag. Das Gewissen, das im Dienst der allumfassenden Liebe steht, die alle Menschen meint, erlaubt es einfach nicht. Loyalität im Dienst der Liebe hätte in diesem Fall geheißen, dem Sohn zur Seite zu stehen, wenn er zu seiner Tat steht und die Konsequenzen seines Handelns auf sich nimmt. Im Fall der Patientin mit dem suchtkranken Ehemann hätte liebevolle Loyalität bedeutet, dem Mann zu sagen, dass sie bei ihm bleibt, wenn er sich seiner Sucht stellt und durch alle Höhen und Tiefen des Heilungsprozesses geht. Wenn Loyalität im Dienst der Angst steht, ist sie loyal mit der Krankheit, der Lüge, dem falschen Verhalten. Und dann verliert die Loyalität ihre stärkende Kraft und wird zur Quelle von Leid.

Pflichterfüllung

»Ich liebe meine Familie und darum erfülle ich meine Pflicht ihr gegenüber« oder »Meine Arbeit ist mir wichtig, darum zeige ich dort Pflichtbewusstsein«. Bei beiden Aussagen steht die Pflicht im Dienst der Liebe und dann empfinden wir unser Verhalten im Grunde gar nicht als Pflichterfüllung. Die Engländer haben, anders als wir Deutschen, zwei verschiedene Worte für das Wort »Pflicht«. Das eine Wort ist *duty,* das ziemlich genau mit dem deutschen Wort »Pflicht« übersetzt werden kann. Das andere Wort ist *commitment* und das ist ein Wort, das wir gar nicht präzise übersetzen können. Das ist sehr bedauerlich, denn *commitment* ist eine sehr gute Sache und steht immer im Dienst der Liebe. Wir können das Wort vielleicht am besten mit dem Wort »Herzensverpflichtung« übersetzen. In den beiden ersten Aussagen geht es sehr viel mehr um *commitment* als um *duty.* Wenn ich aus der Liebe heraus handele, gibt es auch immer wieder Situationen, in denen ich Dinge tun muss, die ich nicht besonders mag. Wenn Sie kleine Kinder haben, finden Sie es vielleicht nicht immer toll, mitten in der Nacht aufgeweckt zu werden und übel riechende Windeln wechseln zu müssen. Aber da Sie Ihr Kind lieben, wird dieses Verhalten durch die Liebe motiviert und dadurch leichter. Wenn wir aus Liebe handeln, entsteht kein Groll, auch wenn wir etwas tun, was wir nicht mögen. Wenn wir uns nur verpflichtet fühlen, sieht das anders aus.

Vor Jahren behandelte ich einen jungen, depressiven Patienten, der in seiner Familie als faul und pflichtvergessen galt.

In der Familie gab es bereits Generationen von Juristen und darum stand fest, dass der Junge nach dem Abitur Jura studieren musste. Das war seine Pflicht. Er begann auch mit dem Studium und bemühte sich sehr, seine Pflicht zu erfüllen. Er schaffte es jedoch nicht wie gewünscht. Er fiel durch Prüfungen, wurde immer depressiver und seine Familie wurde immer wütender auf ihn. Sein Vater sagte einmal in einer Auseinandersetzung zu ihm: »Wenn du deine Familie liebst, dann ehrst du auch unsere Tradition und erfüllst die Pflicht, die du ihr gegenüber hast.« Da der junge Mann seine Familie tatsächlich liebte, meinte er, nun auch seine Pflicht erfüllen zu müssen. Allein, es gelang ihm einfach nicht. Denn er war sehr wohl seiner Familie in Liebe verbunden, nicht aber der Juristerei. Und wenn man etwas nicht liebt, dann liebt man es eben nicht, man kann Liebe nicht erzwingen. Der Vater des jungen Mannes hatte nicht nur die Pflicht Jura zu studieren übernommen, er hatte das Glück, dass er auch die Liebe zur Juristerei »geerbt« hatte. Er war der Juristerei *commited.* Das allerdings war ihm überhaupt nicht klar. Es hatte einen Onkel gegeben, der ebenfalls Jura studiert hatte, aber wohl auch eher ohne die entsprechende Liebe. Und dieser Onkel galt als das schwarze Schaf der Familie und war früh gestorben. Als dem jungen Mann der Unterschied zwischen *commitment* und *duty* klar wurde, war er sehr erleichtert. Denn er erkannte jetzt, dass er einfach nicht den Motor besaß, der ihm erlaubte, mit Freuden und Erfolg Jura zu studieren, und das war nicht seine Schuld. Er war überhaupt nicht faul. Der junge Mann interessierte sich für Architektur. Er verbrachte sehr viel Zeit mit diesem Thema und hatte sich ein beträchtliches Wissen angeeignet. Sich mit diesem Thema zu beschäftigen, ließ ihn lebendig werden. Wenn er davon erzählte, wirkte er absolut nicht depressiv. Sprach man ihn auf Jura an, fiel er augenblicklich in sich zusammen und eine schreckliche Lähmung breitete sich im ganzen Raum aus. Ich habe selten eine so deutliche Wirkung der beiden Energien »reine Pflichterfüllung« und »Herzensverpflichtung« gesehen wie bei diesem Mann.

Also wenn Sie sich zu einer Tätigkeit regelrecht zwingen müssen und kaum die Energie dafür aufbringen können: Fragen Sie sich, ob Sie nicht vielleicht nur eine Pflicht erfüllen und nicht mit dem Herzen dabei sind. Wenn das der Fall ist, ändern Sie die Situation so, dass sie zu ihren Herzensverpflichtungen passt.

Wenn Sie beispielsweise nur aus reinem Pflichtgefühl Ihre Schwiegermutter im Pflegeheim besuchen und Sie sich jedes Mal, wenn Sie von dort kommen, vollkommen ausgelaugt und voller Groll auf die Situation fühlen, dann ist Ihr Motor die Pflicht. Dann regiert nicht die Liebe, sondern die Angst vor den Reaktionen Ihrer Umwelt, wenn Sie sagen, dass Sie die Situation verändern möchten. Überlegen Sie, ob und, wenn ja, wie die Situation für Sie zur Herzensverpflichtung werden kann. Nachdem ich einer Patientin von mir den Unterschied zwischen *duty* und *commitment* erklärt hatte, fragte sie sich das erste Mal, warum immer sie und zwar sie alleine zu ihrer Schwiegermutter fuhr. Darauf angesprochen sagte sie: »Das ist doch meine Pflicht als gute Schwiegertochter.« Auf die Frage, warum das nicht auch die Pflicht ihres

Ehemannes sei, antwortete sie, dieser habe ja keine Zeit dafür. Die Patientin hatte scheinbar mehr Zeit als ihr Mann, weil sie chronisch krank und deswegen früh berentet war. Aber ein kranker Mensch ist eben ein kranker Mensch und nicht ein Mensch, der jetzt viel Zeit hat und deshalb all die unliebsamen Pflichten übernehmen kann, die sonst keiner übernehmen will. Diese Patientin hatte kein liebevolles Verhältnis zu ihrer Schwiegermutter, sie mochte sie nicht einmal besonders. Sich das einzugestehen, hatte sie sich allerdings nie getraut. Denn sie hatte die Idee, dass es ihre Pflicht sei, ihre Schwiegermutter zu mögen. Wir können uns jedoch nicht zur Sympathie oder Nähe verpflichten, das geht einfach nicht. Die Patientin und ich haben dann gemeinsam überlegt, auf welche Weise sie eine Herzensverpflichtung finden könnte. Erst einmal besprach sie mit ihrem Mann, dass sie nicht mehr so oft fahren würde und nur in Ausnahmefällen ohne ihn. Die beiden verbanden den Besuch bei der Schwiegermutter stets mit einem schönen Ausflug in ein Café, bei dem sie gemeinsam Zeit verbrachten. Zudem machte sich die Patientin klar, dass ihre Schwiegermutter zwar zu ihr nie besonders nett gewesen war, aber durchaus zu ihren Kindern. Sie konnte sich als Mutter für ihre Kinder freuen, dass sie eine gute Oma gehabt hatten, und die Dankbarkeit dafür umwandeln in einen Motor, die Schwiegermutter, wenn auch nicht mehr so oft, zu besuchen.

So stand die Pflicht bei der Patientin im Dienst der Liebe und nicht mehr, wie vorher, im Dienst der Angst.

Der junge Mann mit der Leidenschaft für Architektur hat im Übrigen sein Jurastudium abgebrochen und ist heute ein begeisterter und erfolgreicher Architekt. Seine Eltern waren zunächst sehr aufgebracht und eine Weile wurde er von der Familie ignoriert. Mittlerweile haben die Eltern jedoch erkannt, dass ihr Sohn so viel glücklicher ist, und haben letztendlich die Liebe zu ihrem Sohn siegen lassen, sodass jetzt wieder Kontakt besteht. Die Befürchtung des Patienten, dass seine Familie ihn ausstoßen würde, hat sich also auf die lange Sicht nicht bewahrheitet. Aber zunächst musste der Patient tatsächlich mit sehr harten Reaktionen seiner Familie fertigwerden. Das war nicht leicht, aber aus heutiger Sicht ist ihm klar, dass es sich gelohnt hat, diesen Weg zu gehen.

Kampf Gut gegen Böse

Die Geschichte vom Kampf des Guten gegen das Böse ist uralt. Die Liebe ist gut, und wenn die Liebe siegen soll, dann ist es doch gut, dass sie das Böse bekämpft und vernichtet, oder nicht? Das Problem ist nur, dass alles, was bekämpft wird, immer zurückkämpft und durch die Notwendigkeit, sich zu wehren und zu kämpfen, immer stärker wird.

Zudem hat in der gesamten Geschichte der Menschheit noch nie Einigkeit darüber bestanden, was das Böse und was das Gute überhaupt ist. Die Nazis haben sich nicht als die Inkarnation des Bösen gesehen, das das Gute vernichten will, und Islamisten tun das ebenso wenig. Im Gegenteil: Jeder, der kämpft, ist der Meinung, auf der Seite der Guten zu stehen und nur das Beste zu wollen. Jeder meint, wenn seine Seite gewinnt, wird endlich die Glückseligkeit für alle, zumindest für alle Guten, ausbrechen. Die Guten zu stärken und die Bösen zu vernichten ist gut und richtig. Das meint ein jeder, der die Welt in Gut und Böse aufteilt. Ob es bei dieser Einteilung um politische Haltungen, Religion, Nationalität, Rasse oder um die Frage geht, welchen Lebensstil man bevorzugt, ist letztlich egal. In dem Moment, in dem ich die Menschen einteile und glaube, dass es Menschen gibt, die böse sind und die zu bekämpfen, zu demütigen und vielleicht sogar zu töten ich ein Recht habe, hat die Liebe ausgespielt. Nur die Angst meint, dass die Guten die Welt in Gut und Böse einteilen müssten, um das Gute zu erreichen. Die Liebe weiß, dass das so niemals wirklich segensreich sein kann. Und ein Blick in die Weltgeschichte der Jahrhunderte bis zum heutigen Tag bestätigt diese Erkenntnis.

Egal, wie brutal und grausam und damit auf jeden Fall falsch das Verhalten eines Menschen sein mag, es rechtfertigt niemals, dass ich deswegen aufhöre, ihn als Menschen zu betrachten und als Menschen zu behandeln. Das schließt nicht aus, dass ich etwas unternehmen kann, um diese Person daran zu hindern, weiterhin das Falsche zu tun. Was das Falsche ist, das sagt uns zuverlässig unser Gewissen, das universal ist und überall auf der Welt gleich. Wir haben verlernt, auf unser Gewissen zu hören, und darum fällt es uns nicht immer leicht, zu erkennen, was das Richtige ist. Aber mithilfe der Liebe können wir das wieder lernen.

Die Liebe weiß, dass es falsch ist, einen Menschen, der sich lieblos verhält, ebenfalls lieblos zu behandeln, indem ich ihn herabwürdige, angreife, beschäme oder sogar körperlich verletze, im Extremfall töte. Die Angst sagt, dass das gegebenenfalls völlig in Ordnung ist, sie rechtfertigt unsere Lieblosigkeit mit dem alten Kinderspruch »Der hat angefangen«. Die Angst sagt, dass wir und die, die wir als zu uns gehörig erleben, die Opfer sind und die anderen, die nicht zu uns gehörig sind, die Täter. Und Opfer haben das Recht, Täter zu bekämpfen, egal, mit welchen Mitteln. Opfer müssen sich nicht anständig benehmen und Täter haben kein Recht auf menschlichen Respekt.

Das ist falsch und die Liebe und in ihrem Dienst unser Gewissen sagt uns das ganz klar. Ein anderer Mensch ist immer in erster Linie ein Mensch wie ich und darum mit mir verbunden, ganz egal, was ich davon halte, was er denkt, sagt und tut. Und weil ich ein Mensch bin und mein Gegenüber auch, bekommt – egal wer – von mir erst einmal Respekt und ich betrachte ihn mit der Bereitschaft zu Verständnis und Mitgefühl. Egal, wer er oder sie ist, ich wünsche meinem Gegenüber das Beste. Das heißt nicht in allen Fällen, dass ich sein Verhalten billige oder unterstütze. Dennoch weiß ich, dass die Liebe zwischen meinem Gegenüber und mir keinen Unterschied macht. Die allumfassende Liebe meint immer uns alle, ist für uns alle da, absolut jeder, ohne Ausnahme erhält diese Liebe. Jesus hat es uns schon vorgegeben, als er sagte: »Liebet eure Feinde.« Damit hat er sicher nicht gemeint, dass ich jemanden, der sich lieblos verhält und nicht bereit ist, dieses Verhalten aufzugeben, mögen muss. Ich muss und kann sowieso nicht alle Menschen mögen. Manche Menschen sind mir in ihrer ganzen Lebenseinstellung, in dem, wie sie in der Welt sind, fremd und unsympathisch. Das bringt die Tatsache mit sich, dass wir, bei aller ursprünglich gleichen Menschlichkeit, so ungeheuer verschieden sind. Und das ist nicht weiter schlimm. Einen anderen Menschen nicht zu mögen, ist nicht falsch. Aber auch ein Mensch, den ich nicht mag, bekommt meinen Respekt. Ihn herabzuwürdigen, zu demütigen oder zu verletzen, ist niemals zu rechtfertigen. Die Welt wäre ein anderer Ort, wenn alle Menschen dies beherzigen würden. Und es ist im Grunde gar nicht so schwer. Wenn ich selbst will, dass es mir gut geht, ist das das Beste, wofür ich sorgen kann. Denn wenn ich einen anderen Menschen bekämpfe, auf welche Weise auch immer, habe ich zunächst einmal ein schlechtes Gewissen und das ist an und für sich schon unangenehm. Dann kommt aber noch hinzu, dass ich, wenn ich andere Menschen verletze und angreife und mich dafür innerlich rechtfertige, eine Welt schaffe, in der »böse« Menschen böse behandelt werden dürfen. Und dann muss ich immer dafür Sorge tragen, dass ich niemals zu den Bösen gehöre, denn sonst dürfte man ja auch mich angreifen. Ganz sicher sein, dass ich niemals böse sein werde, kann ich aber nicht. Ich bin also immer in Gefahr, dass das Schwert, das ich gegen andere richte, früher oder später mich selbst angreift.

Die allumfassende, bedingungslose Liebe fragt niemals: »Bis du gut oder böse? Hast du es verdient, dass Gott es gut mit dir meint und dass andere Menschen freundlich zu dir sind, oder nicht?« Das sind Fragen, die die Angst stellt. Und die sie niemals mit der Aussage: »Du kannst dich entspannen, du wirst für immer auf der Seite der Guten sein, das kann ich dir versprechen« beantworten wird. Wenn Sie wissen wollen, dass Sie gut sind, hören Sie auf zu glauben, dass Menschen böse sein können. Sie können Böses tun, das steht außer Frage. Und wenn sie Böses tun, sind sie aus der Liebe herausgefallen. Ein Mensch, der sich geliebt und bedingungslos respektiert und zugehörig erlebt, wird niemals Böses tun.

Ich arbeite seit 25 Jahren als Psychotherapeutin und ich habe die unterschiedlichsten Menschen kennengelernt. Ausnahmslos alle waren in bestimmten Lebenssituationen Opfer und in anderen Täter. Ich bin noch nie einem Menschen begegnet und ich selbst bin natürlich auch nicht so, der immer nur gut wäre und aus diesem Grund ein Recht darauf hätte, nicht angegriffen zu werden. Wir sind alle immer wieder darauf angewiesen, dass wir auch dann noch dazugehören, wenn wir Blödsinn gemacht, aus der Angst heraus gehandelt, vielleicht sogar etwas wirklich Schlimmes getan und großen Schaden angerichtet haben.

Der Kampf Gut gegen Böse ist von allen Aspekten der Angst, die sich als Liebe verkleiden, vielleicht am schwersten zu erkennen, aber ganz sicher der destruktivste. Sollten Sie also bisher Menschen – aufgrund welcher Kategorien auch immer – in Gut und Böse eingeteilt haben, hören Sie damit auf. Es bringt Sie nicht voran und die Welt auch nicht. Die Welt wird kein besserer Ort, wenn wir das tun. Im Gegenteil. Es ist in Ordnung, wenn Sie andere Menschen nicht mögen und ihr Verhalten ablehnen. Aber Sie müssen weiterhin Respekt bewahren und sich klarmachen, dass die große Liebe Sie nicht mehr liebt als eben diesen Menschen, den Sie ablehnen. Das mag manchmal schwierig sein, aber es ist die einzige Möglichkeit, wie Sie wirklich mit sich und der Welt in Frieden leben können. Und ich bin sicher, im Grunde Ihres Herzens wollen Sie das.

DEN GOTT DER ANGST ABWÄHLEN

Die Angst wirkt destruktiv. Es ist an der Zeit, sie abzuwählen. Das heißt nicht, nie mehr Angst zu haben oder sich zu beschimpfen und abzulehnen, wenn man Angst hat. Das heißt, der Angst nicht mehr die höchste Autorität im Leben einzuräumen. Wenn Sie sich von der höchsten menschlichen Autorität in Ihrem Leben bedingungslos geliebt gefühlt haben, leben Sie vermutlich nicht mit einem Gott der Angst. Waren Sie sich in Ihrer Kindheit immer sicher, dass Ihnen nichts geschehen kann, weil Sie nicht aus der Liebe herausfallen können und die Liebe immer dafür sorgen wird, dass es Ihnen gut geht? Wussten Sie in allen noch so schwierigen Lebenslagen, dass Sie gehalten und getragen sind und sich immer ein Weg für Sie weisen wird? Dass Sie wachsen und gedeihen und sich frei entfalten können? Wussten Sie, dass Sie, so wie Sie nun einmal sind, mit all Ihren Gefühlen, Ihren Wünschen und Bedürfnissen absolut in Ordnung sind? Wenn Sie all dies bejahen können, dann gehören Sie zu den Menschen, die mit einem bedingungslos liebenden, immer erreichbaren Gott aufgewachsen sind, ob Sie diese Kraft nun Gott genannt haben oder nicht. Und dann dürfen Sie sich glücklich schätzen. Wahrscheinlicher ist allerdings, dass Sie nicht zu diesen Menschen zählen. Dann haben Sie in Ihrer Kindheit vermutlich immer wieder Angst gehabt, nicht gut genug zu sein, haben sich falsch oder schuldig gefühlt, sich für bestimmte Gefühle, Wünsche und Bedürfnisse geschämt, sich unverstanden gefühlt und einsam. Es mag Menschen gegeben haben, von denen Sie sich geliebt und angenommen gefühlt haben, aber so ganz hat das nie gereicht. Sich selbst zu lieben, so wie Sie nun einmal sind, kommt Ihnen mal mehr, mal weniger unerreichbar vor. Wenn Sie eine Beziehung zu Gott pflegen, ist dieser entweder streng und unnahbar oder zu schwach, um wirklich für Sie einzutreten. Vielleicht gab es Zeiten in Ihrem Leben, in denen Sie sich besser gefühlt haben, fast schien es, als sei jetzt endlich alles gut. Aber dann kamen die Zweifel wieder, die Angst zu versagen, der Druck, die Zukunftssorgen.

Wenn das so ist, dann ist Ihr impliziter Gott ein Gott der Angst und das sollten Sie jetzt ändern. Das können Sie jetzt ändern.

Dafür ist es notwendig, die Macht der wichtigsten menschlichen Autorität aus Ihrer Kindheit abzulösen und stattdessen als höchste Macht in Ihrem Leben die bedingungslose Liebe anzunehmen.

»Das kann ich doch nicht so einfach tun«, mögen Sie jetzt sagen. »Ich würde ja gerne, aber so leicht ist das nicht.« Dass Ihnen das schwierig vorkommen mag, liegt daran, dass Sie noch immer Ihrer alten Autorität folgen, und um das zu ändern, müssen Sie sich ihr noch einmal intensiv zuwenden.

Die entsprechende Person mag seit Jahren tot sein oder Sie haben schon lange den Kontakt abgebrochen. Vielleicht sprechen Sie sie noch immer jeden Tag oder zumindest oft. Das spielt keine Rolle. In Ihrem Inneren wird die Art, wie Sie die Welt und vor allem sich selbst sehen, nach wie vor von dieser Kindheitserfahrung bestimmt. Sie sehen unbewusst immer noch aus Kinderaugen auf diese Autorität, und darum kommt Sie Ihnen immer noch ungeheuer mächtig vor und Sie glauben nicht, in der Lage zu sein, ihr Urteil hinter sich zu lassen. Dass das so ist, liegt an etwas, das wir Psychologen **erlernte Hilflosigkeit** nennen.

Um zu erklären, worum es dabei geht, erzähle ich meinen Patientinnen die Geschichte von den indischen Arbeitselefanten. Heute werden sie kaum noch eingesetzt, aber früher waren sie für die Arbeit beispielsweise am Bau sehr wichtig. Diese Elefanten wurden üblicherweise nur mit einem dünnen Seil festgebunden, damit sie nicht wegliefen. Nun kann man sich fragen, warum man einen ausgewachsenen Elefanten an einem Seil festbinden kann. Denn dieser könnte das Seil natürlich mit einem einzigen Ruck durchreißen. Allein, er tut es nicht. Warum nicht? Weil die kleinen Elefanten schon kurz nach ihrer Geburt an eine Kette gelegt werden und sie diese Kette, klein wie sie sind, nicht durchreißen können. Wenn sie das ein paarmal versucht haben, wissen sie, dass es nicht geht. Sie »erlernen Hilflosigkeit«. Der große Elefant »weiß« dann, dass er sich nicht befreien kann, er probiert es nicht mehr aus. Gut für die Menschen, die die großen starken Elefanten festhalten wollen. Wir Menschen sind da in Bezug auf unsere Sicht auf das Leben und uns selbst ähnlich. Als Kind können wir uns der Macht der höchsten Autorität nicht entziehen, wir haben ihr nichts entgegenzusetzen. Diese Person hat »Deutungsmacht«, sie erklärt uns die Welt und sie zeigt uns, wie wir uns selbst zu beurteilen haben. Wenn wir älter werden, glauben wir, diese Macht nicht infrage stellen zu können. Wenn wir selbst Eltern sind, werden wir vielleicht unsere Kinder bewusst anders erziehen, aber wie wir mit uns selbst umgehen, bleibt normalerweise genau so, wie es die höchste Autorität gemacht hat. Sicherlich nicht immer und nicht in allen Lebensbereichen. Aber gerade in Krisen und schwierigen Lebenssituationen neigen wir dazu, auf gut erlernte Muster zurückzugreifen, und das sind nun einmal die Muster aus der Kindheit, erlernt im Kontakt mit der höchsten Autorität. Ein Gott der allumfassenden bedingungslosen Liebe hat gegen diesen Gott der Kindheit scheinbar keine Chance.

Machen Sie sich jetzt klar, dass Gott und diese höchste Autorität nicht identisch sind, es nie waren, und dass Sie heute, als Erwachsener, mit der Autorität aus Ihrer Kindheit auf Augenhöhe sind. Als »großer starker Elefant« können Sie sehen, dass die Macht, die diese Person in der Hand hält, nur noch ein Seil ist. Sie können es heute leicht zerreißen und sich selbst aus diesem alten Muster befreien. Egal, wie sehr diese Autorität Sie bekämpft und abgelehnt haben mag, heute können Sie sehen, dass der Grund dafür niemals Sie waren, sondern immer Probleme, die die höchste Autorität mit sich selbst hatte. Denn für Sie erschien sie unermesslich mächtig, aber in der Realität war sie immer nur ein fehlbarer Mensch mit einer eigenen Lebensgeschichte der Angst. Stellen Sie sich nun vor, dass Sie dieser Person jetzt als Erwachsene in die Augen blicken und ihr sagen: »Ich habe immer

Angst gehabt und das möchte ich jetzt nicht mehr. Ich will jetzt wissen, dass ich bedingungslos geliebt bin. Das war in meiner Kindheit nicht so. Im Grunde deines Herzens wolltest du wahrscheinlich gar nicht, dass ich Angst habe und dass mir diese Angst das Leben schwer macht. Aber es ist passiert und ich will das jetzt ändern. DU BIST NICHT GOTT! Du warst nie Gott, für mich warst du nur aus meinen Kinderaugen gottgleich. Ich habe dir diese Macht zugeschrieben, weil es als Kind nicht anders ging. Jetzt geht es anders und jetzt nehme ich diese Macht an mich.«

Sagen Sie diese Worte bitte nur in Ihrer Vorstellung und nicht zu der realen Person, sollte sie noch leben und in Kontakt mit Ihnen stehen! Es geht nicht um die Person in der heutigen Realität. Dass diese nicht mehr dieselbe Macht hat wie früher, haben Sie auch so vermutlich schon festgestellt. Es geht um den »Abdruck« dieser Person aus Ihrer Kindheitsperspektive in Ihrem Inneren. Selbst wenn Sie heute noch Konflikte mit der realen Person haben, können Sie diesen inneren »Abdruck« ändern. Möglicherweise hat das auch Einfluss auf Ihre heutige Beziehung, aber das ist nicht das, worum es hier geht. Hier geht es nur darum, den Platz für einen »neuen Gott« frei zu machen. Und wenn Sie die alte Autorität nicht von diesem Platz wegschicken, können Sie Ihr Bild von Gott nicht ändern.

Ich möchte noch kurz auf eine besondere Familienkonstellation eingehen, die auch manchmal vorkommt. Dabei sind beide Eltern sehr zugewandt und unterstützend und werden von ihren Kindern auch als bedingungslos liebend wahrgenommen. Dennoch befindet sich die Familie im Universum der Angst. In diesem Fall ist nicht jemand aus der direkten Familie die höchste Autorität, die Angst auslöst, sondern quasi die Angst selbst. Dahinter können eine Menge Gründe stecken. Zum Beispiel könnte die Angst entstanden sein durch ein Familienschicksal wie Flucht, Vertreibung, das Erleben von Bombenkrieg oder andere schwere Traumata. Wenn ein Elternteil oder beide aus irgendwelchen Gründen traumatisiert sind und dieses Trauma unverheilt blieb, dann lebt die verwundete Person im Angstuniversum und wird diese Weltsicht auf ihre Kinder übertragen, auch wenn sie dies ganz sicher nicht will. In diesem Fall würde man den Eltern oder dem entsprechenden Elternteil in der Vorstellung sagen: »Ich weiß, warum du immer Angst gehabt hast, und ich verstehe, dass du nicht anders konntest, als diese Angst an mich weiterzugeben. Ich möchte aber nicht länger, dass diese Angst mein Gott ist, und darum wähle ich sie jetzt ab und ersetze sie durch einen Gott der bedingungslosen Liebe, in dessen Umarmung ich keine Angst mehr haben muss.«

Wie haben Sie beim Lesen der obigen Ermutigung zum Abwählen der Angst innerlich reagiert? Waren Sie begeistert und erleichtert, endlich ihre Angst loslassen zu können, oder haben Sie so etwas gedacht wie: »So einfach kann es doch nicht sein. Wenn das alles wäre, dann hätten wohl nicht so viele Menschen so viele Probleme.« Ähnliches höre ich von meinen Patientinnen oft und ich verstehe ihre

Skepsis. Aber es ist tatsächlich so einfach. Wir Menschen, vielleicht gerade wir Deutschen, haben es jedoch gerne kompliziert. Gönnen Sie sich jetzt einmal, dass es einfach sein darf. Dies ist nur der erste Schritt und bei dem kommt es vor allem darauf an, dass Sie selbst entschlossen sind, sich von der Angst zu befreien und der Liebe zuzuwenden. Wenn Sie so wollen, geht es hier um ein Bekenntnis, ein Bekenntnis zur Liebe. Wenn wir Menschen ein Bekenntnis sprechen, hat das eine Wirkung, jedenfalls wenn wir es ernst meinen. Wenn Sie verheiratet sind, also ein Bekenntnis zu Ihrem Mann oder Ihrer Frau gesprochen haben, wird das vermutlich in Ihnen etwas verändert haben und es wird Ihr alltägliches Verhalten beeinflussen. Ebenso wird es Sie verändern, wenn Sie sich jetzt zur bedingungslosen Liebe bekennen und zum Aufgeben des Universums der Angst. Wenn es Ihnen hilft, können Sie das von mir formulierte Bekenntnis, das im Anhang zu finden ist, eine Zeit lang jeden Morgen laut sprechen und es sich am Abend jeden Tages noch einmal vornehmen. Dann können Sie Revue passieren lassen, inwieweit Ihr Alltag an diesem Tag von Liebe geprägt war und wann Sie doch der Angst den Vorzug gegeben haben. Wichtig ist, dass Sie sich nicht verurteilen, wenn Sie der Angst gefolgt sind, denn das wäre nicht liebevoll. Seien Sie geduldig mit sich. Denn das Bekenntnis zur Liebe ist tatsächlich nicht sehr schwierig, wenn man überzeugt ist von dem, was man tut. Diesem Bekenntnis dann aber sein Leben zu widmen und jeden Tag sein Handeln danach auszurichten, ist eine ganz andere Nummer und wird nicht immer gelingen. Aber darauf kommt es auch nicht an. Dieses Bekenntnis ist eine innere Richtschnur, ein Leitstern, eine »Sternenspur«, an der Sie sich orientieren können. Und wenn Sie das Wort »Bekenntnis« nicht mögen, weil es Ihnen zu religiös erscheint, ersetzen Sie es mit Ihrem eigenen für Sie passenden Wort oder sagen Sie einfach »Herzensverpflichtung«. Wichtig ist dabei nur, dass Sie es ernst meinen. **Sich für die Liebe zu entscheiden, muss für Sie eine echte, tiefe Bedeutung haben, sodass Ihr Erleben und Ihr Verhalten im Alltag verändert werden.** Ansonsten wäre es nur ein Lippenbekenntnis und nicht hilfreich und nährend.

Wie verändert sich nun ein Leben, wenn es nicht mehr aus dem Angstuniversum heraus gelebt wird, sondern sich getragen und gehalten fühlt von der Liebe? In einem Leben, das aus der Gewissheit der bedingungslosen Liebe heraus gelebt wird, sind vor allem zwei Dinge entscheidend anders als in einem Leben mit Angst: Das lebendige Hin- und Herschwingen der Pole wird ermöglicht und es gibt einen neuen Umgang mit Gefühlen. Was ich damit meine, möchte ich im Folgenden ausführen.

Leben im Kontakt mit der bedingungslosen Liebe

Das lebendige Schwingen der Pole

Unser gesamtes Leben erwächst aus der Zusammenarbeit zweier Pole. Wenn ein Kind geboren wird, müssen sich der männliche und der weibliche Pol vereinigen, damit das Kind entsteht. Überall auf der Erde gibt es ein perfektes Gleichgewicht zwischen Licht und Dunkel. Die Aufteilung ist je nach Breitengrad unterschiedlich, aber unterm Strich gibt es überall auf der Welt genauso viel Tageslicht wie nächtliche Dunkelheit. In unserem autonomen Nervensystem gibt es den Parasympathikus und den Sympathikus, die sich ergänzen und zusammen die komplexen Prozesse steuern, die uns am Leben erhalten. Das Gleichgewicht dieser beiden Systeme muss immer wieder hergestellt werden und der Körper sorgt beständig dafür. Wie wichtig dies ist, wussten schon die alten Chinesen, deren schwarz-weißes Zeichen von Yin und Yang Sie möglicherweise kennen.

Ich möchte hier zunächst nur ein paar Worte nennen, die jeweils mit dem einen oder dem anderen Pol assoziiert sind. Eine ausführliche Liste finden Sie im Anhang.

Parasympathikus: Yin, dunkel, weiblich, gewährend, Gefühl, passiv, sensibel, akzeptieren, heilen

Sympathikus: Yang, hell, männlich, fordernd, Verstand, aktiv, kräftig, kämpfen, überleben

Unsere Gesellschaft geht nicht davon aus, dass beide Pole gleich wertvoll sind, sondern bevorzugt einen Pol deutlich, nämlich den sympathischen Pol. Wenn ich zum Beispiel für diesen Pol noch das Stichwort »fleißig« aufgezählt hätte, hätte ich für das entsprechende Wort auf der parasympathischen Seite nur ein Wort gehabt, das in unserer Gesellschaft einen sehr schlechten Klang hat, nämlich »faul«. Insgesamt sind Lebensbereiche, die aus dem Yin-Pol stammen, in unserer Gesellschaft wesentlich weniger wertgeschätzt als die des Yang-Pols. Unsere Gesellschaft scheint fast das Ziel zu verfolgen, uns alle zu Menschen zu machen, die den Parasympathikus gar nicht mehr brauchen. Wir sollen immer mehr leisten, immer weniger Zeit zur Muße haben. Wir sollen nicht mehr Räume für Ruhe, Stille und Kontemplation aufsuchen, sondern »unseren Schweinehund« überwinden. Wenn nach einer Zeit intensiven Arbeitens in uns das Bedürfnis entsteht, einmal gar nichts zu tun und einfach nur so vor sich hin »zu sein«, dann bekommen wir den Rat, doch ins Fitnessstudio zu gehen oder einen Ausflug mit Eventcharakter zu machen, damit wir nur nichts verpassen. Die meisten Menschen sind mit sich zufrieden und haben keine Schuldgefühle, wenn sie ihre Zeit mit Aktivitäten des Sympathikus verbringen. Wenn sie dann aber auf die andere Seite schwingen, weil der Organismus das fordert, fühlen sie sich schlecht. Wie oft höre ich von Patientinnen so etwas wie: »Es war ganz schlimm gestern Abend. Ich saß auf der Terrasse und konnte mich nicht überwinden, hineinzugehen und die Bügelwäsche noch zu machen. Es war schön draußen, aber genießen konnte ich die Situation auch nicht. Ich hatte so ein schlechtes Gewissen, trotzdem konnte ich mich einfach nicht aufraffen. Irgendetwas stimmt mit mir nicht, ich brauche vielleicht Aufbauspritzen.« Statt der Bügelwäsche könnte es natürlich auch die Vorbereitung des nächsten Vortrages sein, die Beantwortung wichtiger E-Mails oder anderes. Wenn Sie solche Situationen kennen, dann wissen Sie nach der Lektüre des Buches jetzt wenigstens schon einmal, dass Sie ein Schuldgefühl verspüren und kein schlechtes Gewissen.

Ihrem Gewissen ist die Bügelwäsche egal. Ihr Gewissen weiß, dass Sie ein Gleichgewicht zwischen Parasympathikus und Sympathikus brauchen, um gesund zu bleiben. Ihr Gewissen steht in direkter Verbindung mit der Liebe. Und weil sowohl dieser als auch Ihrem Gewissen an Ihrem Wohlbefinden gelegen ist, freuen beide sich, wenn Sie die Füße hochlegen, nichts tun und genießen, am Leben zu sein. Für die Liebe und das Gewissen ist die Zeit, die Sie mit »rumgammeln« verbringen, ebenso wertvoll wie die, in der Sie nach der Definition unserer Gesellschaft Leistung zeigen. Das ist wirklich so, ist aber für die meisten Menschen sehr schwer zu glauben.

Aus der Sicht der Natur, also auch aus der Sicht eines bedingungslos liebenden Gottes, ist es völlig idiotisch, zu versuchen, einem Pol mehr Raum zu verschaffen als dem anderen. Oder gar zu meinen, der eine Pol (Yang) müsste den anderen (Yin) bekämpfen und besiegen. In dem Moment, in dem dieser Sieg gelänge, wäre alles Leben auf der Erde zu Ende. Denn überall in der Natur, der gesamten Biologie, im Leben braucht es beide Pole, und zwar im Gleichgewicht und in der Zusammenarbeit. Nur zusammen sind die Pole fruchtbar und bringen neues Leben hervor, das gilt nicht nur bei der Zeugung von Kindern. Ein Pol alleine kann tatsächlich nicht überleben.

Wenn wir davon sprechen, unseren »inneren Schweinehund« besiegen zu wollen, dann sagen wir damit im Grunde, dass wir wollen, dass wir keinen parasympathischen Pol mehr haben. Denn der verleiht dem »Schweinehund« seine Stimme. Wenn Sie auf der Seite des Sympathikus schon zu viel eingezahlt haben, sodass ein Ungleichgewicht entstanden ist, muss der »Schweinehund« dafür sorgen, dass Sie sich ausruhen. Und ihn dann mit Disziplin und Strenge bekämpfen und besiegen zu wollen, ist keine gute Idee, wenn Sie sich dauerhaft wohlfühlen wollen. Das Gleiche gilt für den bereits erwähnten Wunsch nach einem »dicken Fell«. Dieses dicke Fell bedeutet, ich bin nur im Yang-Pol unterwegs. Zartheit, Sensibilität und Verletzlichkeit werden abgelehnt. Dann erlebe ich aber auch keine berührenden Momente mehr, meine Seele bleibt ohne Nahrung und ich werde krank.

Die starke Bevorzugung unserer Gesellschaft des »Kampf- und Leistungspols« führt dazu, dass immer mehr Menschen versuchen, die Bedürfnisse, die dem anderen Pol zugehören, zu ignorieren oder zu unterdrücken. Menschen, die grundsätzlich von ihrem Wesen her mehr dem Parasympathikus zugewandt sind – die leisen, ruhigen, träumerischen –, kämpfen teilweise ihr ganzes Leben gegen sich selbst, weil sie meinen, so wie sie sind, nicht in Ordnung zu sein.

Aufgrund dieser Ablehnung bekommt der Ruhepol nicht den Raum und die Aufmerksamkeit, die er braucht. Der Pol muss aber dafür sorgen, dass das Gleichgewicht wiederhergestellt wird, und wenn wir uns dem Pol nicht freiwillig zuwenden, wird das Gleichgewicht uns aufgezwungen.

Typische Folgen eines aus den Fugen geratenen Gleichgewichts sind Depressionen, chronische Erschöpfung, Schwächung des Immunsystems, also generell Heilungsstörungen, die allen chronischen Erkrankungen zugrunde liegen, Schmerzen, Suchterkrankungen. Und was nimmt in unserer Gesellschaft gerade massiv zu? Genau diese Phänomene. Dass wir so viele chronisch kranke Menschen haben, dass es eine so starke Zunahme von Depressionen und Erschöpfung gibt und dass es nach wie vor sehr, sehr viele Suchtkranke in unserer Gesellschaft gibt, liegt wesentlich daran, dass wir alle den Ruhepol zu wenig wertschätzen. Denn in diesem Pol findet die Heilung statt, und wenn er nicht den Raum bekommt, den er braucht, ist Krankheit die Konsequenz.

Alkohol- oder Tablettenmissbrauch, zu viel essen, rauchen oder zwanghafter Medienkonsum sind alles Verhaltensweisen, die den Menschen aus seinem »Hamsterrad« des ungebremsten Leistungspols herausholen. Häufig ist dieses Verhalten die einzige Möglichkeit, überhaupt einmal auf die Seite des Parasympathikus zu wechseln. Und was wird den Menschen dann geraten? Sie sollen sich zusammenreißen, vernünftig sein, gegen ihr Verhalten kämpfen und sich selbst mit Disziplin und Strenge zu einer Verhaltensänderung bringen. Noch mehr Sympathikus.

Wenn Menschen eine Psychotherapie machen wollen, dann oft, weil sie dort endlich einmal einen Raum haben, in dem der Parasympathikus »vorne« sein darf. Dort dürfen sie sensibel und verletzlich sein, dort werden sie nicht zu neuen

Höchstleistungen angespornt, dort müssen sie ihre Beschwerden nicht in fünf Minuten zusammengefasst haben, um nach spätestens sechs Minuten die Lösung präsentiert zu bekommen.

Als Gegengewicht zu unserer Leistungsgesellschaft gibt es im Moment einen großen Zulauf zu allen möglichen als esoterisch bezeichneten Heilungswegen. In diesen Kontexten wird versucht, dem Parasympathikus zu seinem Recht zu verhelfen, beispielsweise durch Stille, Meditation, Rückzug, Naturverbundenheit oder Spiritualität. Das ist grundsätzlich eine gute Entwicklung. Allerdings taucht gerade in diesen Zusammenhängen, ebenso wie im religiösen Kontext, extrem oft das Wort »Licht« als heilend und erstrebenswert auf und das Wort »Dunkelheit« als böse und schlecht. Die »Lichtwesen« heilen und die »dunklen Mächte« zerstören. Denken Sie an »Darth Vader« mit seiner dunklen Macht.

Licht und Dunkel sind jedoch gleichwertige Pole, die aufeinander angewiesen sind. Das Licht ist nicht besser als die Dunkelheit, es könnte ohne die Dunkelheit gar nicht existieren. Wenn ein Baum nicht tief in der Dunkelheit der Erde wurzelte, wie sollte er stabil genug sein, um in die Höhe zu wachsen? Wenn Sie Samen auf einen harten Boden werfen, sodass sie nicht in die Erde fallen können, werden Sie keine Frucht ernten, denn die Samen brauchen ihre Keimzeit in der Dunkelheit, ebenso wie ein Baby, bevor es »das Licht der Welt« erblickt. Durch die ständige Beleuchtung in unseren Städten leidet unser Planet mittlerweile an »Lichtverschmutzung« mit den entsprechenden Schäden für die Natur und uns Menschen. Wenn im Sommer die Sonne lange scheint, sind Schattenplätze in den Eisdielen sehr begehrt, in der Sonne möchte dann keiner sitzen. Und welche romantische Szene, in der zwei Menschen sich nahekommen und sich in den Tiefen ihrer Seele begegnen, könnte unter dem gleißenden Licht einer Neonröhre stattfinden? Nein, stimmungsvoller und berührender ist es, wenn eine solche Begegnung in einer samtigen dunklen Sommernacht unter Sternenhimmel erlebt wird. Überhaupt, die Sterne: Wer wüsste von ihnen, wenn es immer hell wäre? Welcher Juwelier würde seine wertvollsten Diamanten nicht auf schwarzem, sondern auf weißem Samt präsentieren? Verloren wäre die Leuchtkraft der Steine ohne einen solchen Hintergrund.

Die Dunkelheit ist genauso wundervoll wie das Licht. Sowohl das Licht als auch die Dunkelheit werden dann als Belastung erlebt, wenn sie ohne ihr Gegengewicht auskommen müssen. Zu viel Licht empfinden Menschen als schlecht und unangenehm. Das ist nicht anders als bei zu viel Dunkelheit. Der Ausgleich macht es, die Zusammenarbeit der Pole. Das gilt immer und überall auf der Welt und eben auch in unserem Körper. Parasympathikus und Sympathikus müssen im Gleichgewicht sein, sie brauchen gleich viel Raum. Das allerdings beherzigen in unserer Gesellschaft nur wenige Menschen.

Zusammenfassend sieht es, wenn die Liebe die Dinge nicht steuert, zurzeit bei uns so aus: Die Menschen versuchen, sich so oft und so lange wie irgendwie möglich im Leistungspol aufzuhalten, weil der von der Gesellschaft wertgeschätzt wird. Da sie aber ihre eigene Natur nicht besiegen können, muss der Organismus früher oder später in den Parasympathikus wechseln, es geht nicht anders. Wenn der Mensch dem nicht freiwillig Raum gibt, entstehen Krankheiten oder Süchte, um den Menschen in den Parasympathikus zu bringen. Was natürlich als schädlich und schlecht identifiziert wird. Das führt dazu, dass die Menschen diesen Pol noch mehr ablehnen, da sich auf diese Weise in ihm aufzuhalten wirklich nicht angenehm ist. Ein Teufelskreis, in dem der wichtige und wunderbare Pol des Parasympathikus immer mehr an Wertschätzung verliert.

Wenn beispielsweise eine Frau unter der Doppelbelastung von Mutter- und Berufsrolle leidet und sie in beiden Bereichen versucht, immer alles richtig zu machen, ist die Gefahr groß, dass sich ein Ungleichgewicht zuungunsten des Ruhepols einstellt. Sobald sie dann einmal nur kurz zur Ruhe kommt, »schlägt« der lange unterdrückte Parasympathikus »zu«, beispielsweise mit einer Migräne. In der Zeit des Anfalls kann die Person dann keine Leistung mehr bringen, sie braucht Ruhe, Dunkelheit, Rückzug, Ungestörtheit. Der Parasympathikus kommt endlich zu seinem Recht. Allerdings fühlt sich der Mensch mit der Migräne grauenvoll und hofft, dass die Situation so schnell wie möglich vorbei ist. Wenn Medikamente helfen, werden sie genommen, und es wird weiter Leistung gezeigt. Der Ruhepol hat versucht, seinen Raum zu bekommen, wurde aber entweder unterdrückt oder abgelehnt, weil er auf diese Weise so unangenehm daherkommt. Wenn es der Person dann wieder bessergeht, muss sie die verlorene Zeit aufholen und noch mehr beim Leistungspol einzahlen. Was die nächste Reaktion des Parasympathikus vermutlich noch unangenehmer werden lässt.

Wenn Sie die Liste der Wörter zu den beiden Polen im Anhang einmal ausführlich durchlesen, können Sie für sich herausfinden, ob und, wenn ja, welchen Pol Sie bevorzugen. Sollten Sie aktuell krank sein, wäre es möglich, dass Ihr Organismus die Erkrankung zur Herstellung des Gleichgewichts zwischen den Polen braucht.

Umgang mit Gefühlen

Weil unsere Gesellschaft den Yang-Pol bevorzugt, ist auch das Gefühl weniger respektiert als der Verstand. Das führt zu einem sehr seltsamen Umgang mit Gefühlen bis hin zu einer regelrechten Gefühlsphobie, unter der zahlreiche Menschen leiden.

Kinder zeigen ihre Gefühle noch sehr unmittelbar. Wenn sie sehr klein sind, können sie auch noch nichts anderes. Wenn sie dann älter werden, orientieren sie sich beim Umgang mit ihren Gefühlen an ihren Eltern und daran, was man ihnen im Zusammenhang mit ihren Gefühlen beibringt. Sehr viele Menschen haben in ihrer Kindheit gelernt, dass es Gefühle gibt, die man lieber nicht haben sollte und die so schnell wie möglich vertrieben werden müssen. Die wichtigsten sind Trauer, Enttäuschung, Wut, Angst, Einsamkeit, Neid, Eifersucht. Jedes Kind, jeder Mensch hat diese Gefühle schon einmal gehabt und wird sie auch erneut erleben. Sie sind universell, es gibt sie in allen Kulturen. Dass wir solche Gefühle erleben, ist in unserer Menschlichkeit begründet, die von Erziehung unabhängig ist. Wie wir allerdings auf Gefühle reagieren, das ist sehr unterschiedlich und hängt stark von Kultur und Erziehung ab.

Ein kleines Kind kann noch nicht unterscheiden zwischen dem **Wahrnehmen** eines Gefühls, dem **Ausdrücken** des Gefühls und dem danach **Handeln.** Beim Kleinkind ist das alles eins, wobei die Handlungsmöglichkeiten eines Kindes naturgemäß sehr eingeschränkt sind. Je älter ein Kind wird, desto eher wird von ihm erwartet, dass es seine Gefühle kontrolliert. Das ist jedoch gar nicht möglich. **Wir können den Gefühls*ausdruck* und eine gefühlsgeleitete *Handlung* kontrollieren und das sind außerordentlich wertvolle Fähigkeiten. Aber wir können nicht kontrollieren, ob wir Gefühle haben oder nicht.**

Erstaunlicherweise versuchen das sehr viele Menschen und sie schämen sich ihrer Gefühle und lehnen sich deswegen ab. »Ich sollte nicht neidisch sein.« »Dass ich aber auch immer so wütend werden muss, das ist doch schlimm.« »Dieses ständige Gefühl der Einsamkeit ist doch wirklich erbärmlich.« »Ich weiß, zwei Jahre nach ihrem Tod sollte ich nicht mehr so traurig sein, wie mache ich das denn bloß, ich krieg's einfach nicht hin.« Solche und ähnliche Äußerungen höre ich täglich in meiner Praxis und früher habe ich oft selbst so gesprochen. Was war das für eine Erleichterung, als mir klar wurde, dass ich meine Gefühle gar nicht kontrollieren kann und muss. Nicht nur ich kann das nicht, das kann keiner! Und wenn es mir nicht gelingt, dann nicht, weil ich nicht über genug Willensstärke verfüge oder einfach zu dumm bin, sondern weil es nicht möglich ist. Niemals. Ein Gefühl ist ein Gefühl und wenn es da ist, ist es da. Fertig. Wenn Sie wissen, dass es darum geht, ein Gefühl zunächst einmal einfach wahrzunehmen, und dass Sie als Erwachsener grundsätzlich die Möglichkeit haben, Ihren Gefühls*ausdruck* und Ihre entsprechenden *Handlungen* in Ihrem Sinne zu beeinflussen, dann haben Sie viel gewonnen. Was jedenfalls nicht gelingt oder wenn, dann nur kurzfristig, ist, das Gefühl mit dem Verstand kontrollieren zu wollen oder sich davon abzulenken.

Stellen Sie sich vor, Sie haben einen schwierigen Tag hinter sich mit einigen Konflikten und Misserfolgen. Am Abend sind Sie eingeladen und bei der Einladung ist eine Person Ihres Geschlechts anwesend, die mit Ihrem oder Ihrer Liebsten flirtet. Diese Person ist attraktiv, unterhält die Runde mit klugen und witzigen Anekdoten und Sie wissen, dass sie nicht nur reich ist, sondern auch beruflich und privat außerordentlich erfolgreich. Ich wüsste kaum jemanden, der in dieser Lage keinen Anflug von Neid und Eifersucht verspüren würde.

Und jetzt wird es interessant. Wie gehe ich nun mit diesen Gefühlen um? Beschimpfe ich mich innerlich selbst, appelliere ich an meinen Verstand, trinke ich in kurzer Zeit zu viel Alkohol oder stopfe ich mich mit Torte voll? Vielleicht zerre ich auch meinen Mann auf die Terrasse und sage ihm mal so richtig meine Meinung. Das alles wären sehr typische Reaktionen, aber keine sehr hilfreichen. Früher war mein erster Impuls stets, mich wegen dieser Gefühle zu verdammen und davon auszugehen, dass ich sie auf gar keinen Fall haben sollte. Außerdem war ich sicher, dass außer mir niemand eine so erbärmliche Reaktion zeigen würde. Manchmal glaube ich, ich bin nur Psychologin geworden, damit ich mich überzeugen konnte, dass andere Menschen auch Gefühle haben, die sie lieber nicht haben sollten oder nicht haben wollen. Das hat übrigens funktioniert: Heute weiß ich, ich bin nicht allein mit meinen Gefühlen.

Was könnte man statt Selbstablehnung, Ablenkung oder dem Versuch, das Gefühl mithilfe des Verstandes auszumerzen, tun? Zunächst mal kann ich das Gefühl einfach intensiv empfinden. Das klingt selbstverständlich, aber das ist es gar nicht. So schnell unsere Gefühle auftreten, so schnell verurteilen wir sie häufig auch und beginnen sie zu bekämpfen. So kommen wir oft gar nicht dazu, sie in Ruhe zu fühlen, also sie einfach wahrzunehmen. Und zwar freundlich und wohlwollend und in der Gewissheit unserer Menschlichkeit, die uns mit genau diesen Gefühlen mit anderen Menschen verbindet.

Also mache ich es jetzt so. Ich fühle. Ich nehme mich wahr. Ich stelle fest, dass ich mich schlecht fühle und dass ich die Empfindungen, die ich habe, nicht mag. Ich bin neidisch und eifersüchtig und das gefällt mir nicht. Ich möchte also, dass diese Gefühle sich möglichst bald verändern. Und heute weiß ich: Dafür muss ich sie erst einmal annehmen. **Denn was ich bekämpfe, kämpft zurück, und wenn ich meine Gefühle bekämpfe, dann werden sie stärker, nicht schwächer. Gefühle hingegen, die da sein dürfen, Verständnis, Raum und Mitgefühl bekommen, verändern sich *von selbst*.**

Ich sage mir: »Na gut, Uta, ein wahrhaft erleuchteter Mensch hätte diese Gefühle vielleicht nicht, aber das bist du eben immer noch nicht. Macht nichts. Du bist neidisch und eifersüchtig, vermutlich könnten das eine Menge Menschen, die du kennst, nachvollziehen. Schön ist das nicht, aber auch keine Katastrophe. Also atme und bleib erst einmal ganz ruhig bei diesen Gefühlen. Wenn du eine kleine Auszeit brauchst, nutzt du den guten alten gesellschaftlich akzeptierten Rückzugsgrund und gehst auf die Toilette. Ach, du meine Liebe, du fühlst dich wirklich elend, was? Das kann ich verstehen. So ein blöder Tag heute. Du fühlst dich heute wirklich nicht gerade strahlend und dann kommt diese tolle Frau. Wahrscheinlich ist sie ganz nett und würde mir unter anderen Umständen sehr gut gefallen, aber heute finde ich sie einfach nur doof und ich meine, sie sollte möglichst schnell verschwinden. Was sie aber natürlich nicht tun wird, sie fühlt sich ja sicher super. Ich fühle mich nicht super und das darf jetzt auch sein. Ach, was habe ich mich lieb in diesem Gefühl, es macht mich menschlich und normal und das ist auch nicht so verkehrt. Also, ich atme jetzt noch ein paar tiefe Atemzüge, nehme mich in meiner Vorstellung ganz fest in den Arm und gehe dann wieder zurück. Aber erst, wenn ich mich wenigstens etwas besser fühle.«

Können Sie sich vorstellen, dass ich mich nach einer solchen Selbstansprache tatsächlich besser fühle? Das tue ich und warum? Weil ich meinen Gefühlen die Erlaubnis gebe, da zu sein, mir selbst Verständnis und Mitgefühl zugestehe und weil ich mir meine Verbundenheit mit anderen Menschen vor Augen führe. Dann beruhigen sich die Gefühle und schwächen sich ab. Erst nachdem ich mich so um meine Gefühle gekümmert habe, kann ich anfangen darüber nachzudenken, ob ich meine Gefühle zeige oder sie verberge und wie ich generell aufgrund dieser Gefühle handeln will. Wenn ich mich selbst unterstützt und meinen Gefühlen Raum gegeben habe, wird das jetzt möglich sein. Bevor ich das getan habe, kann ich nicht gut denken, weil dann mein Gefühlshirn überaktiv ist und das planerische Denken blockiert. Je nachdem, wie gut ich die Menschen bei der Party kenne und wie sehr ich ihnen vertraue, könnte ich meine Gefühle ausdrücken und sagen, wie ich mich fühle. Ich könnte mich aber auch entschließen, mich lieber nicht zu »outen«, vielleicht weil ich mich dafür in diesem Moment nicht sicher genug fühle. Ich könnte zu Hause mit meinem Mann über die Situation sprechen. Wenn ich mich vorher gut selbst beruhigt habe, dann wird mir das vermutlich auch ohne Vorwürfe und Anklagen gelingen. Wenn der Tag wirklich sehr schrecklich war und ich merke, dass ich heute einfach nicht mehr in Partystimmung komme, könnte ich die Party verlassen, auch das, ohne dass ich jemandem Vorwürfe mache oder weinerlich wirke. Zu Hause könnte ich mich dann noch einmal mehr um meine Gefühle des Tages kümmern, denn vermutlich gab es an diesem Tag schon andere Gefühle, die meine Aufmerksamkeit brauchen.

Meine Bereitschaft, mich selbst in diesen Gefühlen anzunehmen und mir beizustehen, wird auf jeden Fall dazu führen, dass ich mit der Situation gut umgehen kann und ich sie nicht noch durch unangemessene Reaktionen schlimmer mache. Denn: Gefühle zu haben und sie wahrzunehmen, ist überhaupt kein Problem. Sich für sie zu schämen und sie zu bekämpfen, führt zu Konflikten, nicht die Gefühle an sich.

Ich habe vor vielen Jahren ein echtes Aha-Erlebnis im Umgang mit meinen Gefühlen gehabt, das mich nachhaltig beeindruckt hat. Ich war mit meinem damaligen Freund in den Bergen unterwegs. Da ich aus dem Flachland stamme und bis dahin selten in den Bergen unterwegs war, machten mir die Berge Angst. Das fand ich allerdings lächerlich, denn die Landschaft war doch wunderschön, wie konnte ich da Angst empfinden?! Ich versuchte also, mir meine Angst nicht anmerken zu lassen. Vor lauter Anspannung und Kampf gegen das Gefühl bekam ich Kopfschmerzen. Irgendwann merkte mein Freund, dass ich einsilbig wurde und »komisch«. Er fragte, was los sei. Ich antwortete erst einmal: »nichts« (eine echt tolle Antwort, die jeder schätzt, der merkt, dass mit dem Gegenüber etwas nicht in Ordnung ist). Aber mein Freund war hartnäckig. Er fragte weiter nach und ich sagte ihm, dass ich Kopfschmerzen hätte. Er entgegnete ganz locker so etwas wie »Na ja, vielleicht hast du Angst vor den

Bergen, die bist du ja nicht gewöhnt. Andere Menschen haben Angst vor Brücken, das ist ja ganz normal«. In der nächsten Minute waren meine Kopfschmerzen weg. Völlig weg. Ich war platt. Aber auch sehr dankbar, dass da jemand meine Gefühle einfach ernst nahm, aber nicht tragisch. Ich durfte sie einfach haben. Das war neu für mich und erlaubte mir, meine Gefühle nicht zu bekämpfen, sondern sie schlicht zu fühlen. Ich musste mich auch nicht mehr gegen sie anspannen und dadurch gingen die Kopfschmerzen weg. Eine wegweisende Erfahrung für mich.

Wohlgemerkt, Gefühle zu spüren und sie ernst zu nehmen, heißt eben nicht, sie unter allen Umständen auszudrücken oder sie immer unsere Handlungen beeinflussen zu lassen. Ich bin eben eifersüchtig und deswegen habe ich ein Recht darauf, bei der Party allen die Stimmung zu vermiesen und zu Hause meinem Mann eine Szene zu machen? Nein. Eben nicht. Ich darf das Gefühl haben, aber ich habe auch Verantwortung dafür, dass dieses Gefühl andere möglichst wenig unangenehm beeinflusst. Das ist ja gerade die Fähigkeit, die uns Erwachsenen von Kindern unterscheidet, und das ist im Alltag eine sehr wertvolle Fähigkeit.

Also, seien Sie traurig, wütend, einsam, eifersüchtig, neidisch, ängstlich oder sonst was. Fühlen Sie die Gefühle und geben Sie ihnen Verständnis und Mitgefühl. Dabei hilft Ihnen Ihre (neue) Beziehung zu einem bedingungslos liebenden Gott. Kümmern Sie sich so lange um sich selbst, bis sich das Gefühl zumindest etwas abgeschwächt hat. Und dann überlegen Sie, ob und, wenn ja, in welchem Rahmen Sie dieses Gefühl ausdrücken und in Handlung umsetzen wollen. Wenn Sie sich zum Beispiel einsam fühlen, weil Sie gerade in Rente gegangen oder in eine neue Stadt gezogen sind oder Sie sich von Ihrem Partner getrennt haben, dann kümmern Sie sich erst einmal ausführlich um dieses Gefühl. Machen Sie sich bewusst, dass ausnahmslos jeder Mensch auf dieser Welt sich schon einmal so gefühlt hat und dass Sie dieses Gefühl nicht haben, weil mit Ihnen etwas nicht stimmt. Mit Ihnen ist alles in Ordnung! Wenn Sie sich schon etwas besser fühlen, überlegen Sie, ob es jetzt gut für Sie wäre, wenn Sie jemanden anrufen und über das Gefühl sprechen. Tun Sie das aber nur, wenn Sie eine echte Chance haben, Verständnis und Mitgefühl für das Gefühl zu bekommen. Rufen Sie auf keinen Fall jemanden an, der dazu neigt, Ihnen Ihre Gefühle auszureden oder an Ihren Verstand zu appellieren. Auch dann nicht, wenn Sie die Hoffnung hegen, dass sich diese Person dieses Mal ganz anders verhalten wird. Die Wahrscheinlichkeit ist nicht sehr groß, dass das passiert. Wenn Sie niemanden anrufen können, weil es drei Uhr nachts ist, können Sie sich weiter selbst Mitgefühl und Verständnis geben und dann überlegen, was Sie konkret in den nächsten Tagen tun können, um sich besser zu fühlen. In einer neuen Stadt können Sie im Internet nach anderen »Neuankömmlingen« suchen, Sie können ein Hobby anfangen, das sie immer schon einmal ausprobieren wollten oder, oder, oder. Ihrer Fantasie sind keine Grenzen gesetzt, und wenn Ihr Gefühl getröstet ist, können Sie auch kreativ werden beim Suchen von Lösungen.

Alltag mit einem bedingungslos liebenden Gott

Stellen Sie sich jetzt einmal einen ganz normalen Alltag vor, in dem Sie eine Beziehung zu einem bedingungslos liebenden Gott pflegen. Das heißt, Sie wissen in jeder Minute, dass Sie okay sind, dass Ihre Gefühle da sein dürfen und dass es gut und richtig ist, mal aktiv voranzuschreiten und sich mal passiv und empfangend zurückzunehmen. Die Liebe möchte den ganzen Tag, dass es Ihnen gut geht und dass Sie sich wohlfühlen. Schon morgens, direkt nach dem Aufwachen, gehen Sie liebevoll mit sich um. Sie geben sich, was Sie brauchen, je nachdem, ob Sie ein Morgenmensch sind oder nicht. Wenn Sie eher länger brauchen, bis Sie so richtig im Tag angekommen sind, geben Sie sich diese Zeit und hetzen sich nicht. Wenn vor Ihnen Aufgaben liegen, die Ihnen Angst machen oder Unbehagen in Ihnen hervorrufen, dann kümmern Sie sich um diese Gefühle, ermutigen Sie sich selbst, sagen sich, dass Sie unter allen Umständen Respekt und Achtung Ihrer Grenzen verdient haben und dass Sie gut für sich selbst sorgen werden. Die Liebe begleitet Sie überallhin und flüstert Ihnen immer wieder ins Ohr: »Ich bin hier, ich bin für dich da. Ganz egal, ob du alle deine Aufgaben erledigen kannst, ob du allen Herausforderungen heute gewachsen bist, ich bin an deiner Seite. Ich mag dich. Du liegst mir am Herzen. Ich möchte, dass es dir gut geht.«

Wenn Sie nicht so recht an eine solche liebevolle Stimme glauben können, dann stellen Sie sich vor, wie Sie sich fühlen würden, wenn Sie daran glauben *würden*. Sagen Sie nicht:

»Jetzt glaub das doch mal endlich, sei doch nicht immer so negativ!«, sondern fragen Sie sich ganz liebevoll: »Was wäre, wenn du es glauben würdest? Stell es dir einfach mal vor, auch wenn es jetzt noch gar nicht so ist. Wie würde sich eine Person fühlen, die in direkter Verbindung mit der Liebe steht? Wie würde sie denken, wie ginge es ihr?«. Und dann fühlen Sie sich so gut wie möglich in diese Lage ein. Dafür müssen Sie nicht glauben, dass das alles wahr ist. Sie müssen sich nur vorstellen, wie es wäre, wenn. Die Vorstellung an sich wird sich schon so gut anfühlen, dass Ihr Organismus ernsthaft überlegt, ob es nicht doch eine gute Idee wäre, dieser Sache mit der grenzenlosen Liebe eine Chance zu geben. Die Liebe hat eine starke Magnetkraft und schon wenn man sich nur vorstellt, mit ihr verbunden zu sein, verändert sich etwas in unserem Organismus.

Wenn Sie dann im Lauf des Tages auf Menschen stoßen, mit denen Sie Konflikte haben oder die Sie nicht mögen, hüllen Sie sich in Ihrer Vorstellung in einen Kokon von bedingungsloser Liebe. Wenn Ihr Gegenüber aggressiv ist oder Sie einfach nur seine Anwesenheit als Belastung empfinden, dann wird die Liebe dafür sorgen, dass Sie gut geschützt sind. Und die Liebe wird Sie darin unterstützen, den anderen ebenfalls in den Armen der bedingungslosen Liebe zu sehen. Dabei müssen nicht Sie Ihr Gegenüber lieben oder mögen. Es reicht, wenn Sie sich bewusst machen, dass der andere genauso geliebt wird wie Sie, aber eben von »seiner Liebe«. Natürlich gibt es nicht eine Liebe für jeden, die allumfassende Liebe ist für uns alle da. Aber wenn wir uns sehr verletzlich fühlen und noch nicht so ganz satt an der Liebe geworden sind, kann es für den Anfang ganz nützlich sein, sich vorzustellen, dass quasi jeder seine eigene Liebe hat. Dadurch entsteht ein schützender Abstand zwischen Ihnen und der anderen Person, dennoch sind Liebe und Respekt für alle Beteiligten im Spiel. Und Ihr Gewissen weiß natürlich, dass nicht nur Sie von der allumfassenden Liebe gemeint sind, sondern jeder einzelne Mensch auf dieser Welt.

Probieren Sie aus, welche Bilder Ihnen dabei helfen, sich selbst gut zu schützen und ganz und gar für Ihr Wohlbefinden da zu sein und dabei gleichzeitig dem anderen ebenfalls Wohlbefinden und Liebe zuzugestehen.

Hoffentlich entstehen während Ihres Tages Momente, in denen es schön wäre, einfach nur zu genießen, einfach nur da zu sein. Dann wird die Liebe dafür sorgen, dass Sie sich erlauben, solche Zeiten zu erleben, ohne Schuldgefühle. Wenn die Sonne so wunderbar scheint, es im Winter eine melancholische Nebelstimmung gibt mit dem Geruch nach Glühwein und Keksen, Sie einfach nur für einen Moment mitten im Trubel innehalten mögen, um sich zu fragen, wie es Ihnen geht und ob irgendein Gefühl Ihre Aufmerksamkeit braucht, dann sagt die Liebe Ihnen: »Gut so. So ist es recht. Sei einfach da. Fühle, dass du am Leben bist, komm für einen Augenblick in diesem Gefühl zur Ruhe. Das ist Leben, das ist wertvoll und dafür bekommst du meinen Respekt in dem gleichen Maße, wie ich deine Leistung respektiere.«

Die Liebe sagt nicht, dass Sie sich erst entspannen dürfen, wenn alles erledigt ist. Das ist sowieso nie der Fall. Die Liebe möchte, dass Sie Ihrem Ruhepol die Ehre geben, wenn es an der Zeit ist. Wann das ist, wissen nur Sie. Üblicherweise merken Sie das daran, dass Sie unkonzentrierter werden, vielleicht gereizt, dass Sie sich anspannen oder müde sind. Dann ist es Zeit, zum Yin-Pol zu schwingen und zu fragen, was er jetzt braucht. Wenn Sie wissen, dass dieser Pol genauso wertvoll ist wie der Leistungspol, dann wird es für Sie kein Problem sein, hin und her zu schwingen. Bis Sie das allerdings verinnerlicht haben, wird erfahrungsgemäß einige Zeit vergehen. Denn Sie haben bereits gespeichert, dass die Gesellschaft den Leistungspol bevorzugt. Damit diese Programmierung allmählich aufweicht, halten Sie in Ihrem Alltag immer mal wieder inne und atmen ein paarmal bewusst ein und aus. Denn die Atmung schwingt ganz selbstverständlich zwischen den beiden Polen hin und her. Und dann fragen Sie sich: »Wie geht es meiner lebendigen, fühlenden Seele gerade? Fühlt sie sich gut, hat sie genug Raum, kommt sie zu ihrem Recht?« Wenn nicht, fragen Sie sich, was Ihnen jetzt helfen könnte, die Seele zum Schwingen zu bringen. Manchmal reicht es schon, ganz bewusst ein paar Takte eines Lieblingslieds zu summen oder einen Duft einzuatmen, den man sehr mag. Wichtig ist, dass Sie sich immer und immer wieder am Tag an die Botschaft der Liebe erinnern: »Du bist kein Roboter, du bist ein lebendiges, fühlendes Wesen mit einer großen Seele und das ist wunderbar. Dieses Wunderbare möchte und muss zum Ausdruck gebracht werden auf so viele Arten wie möglich.«

Am Ende des Tages fragen Sie sich dann nicht, ob Sie alles erledigt haben und ob Sie heute gut genug waren. Die Liebe sagt Ihnen, dass es darauf nicht ankommt. Dass Sie auf jeden Fall genügen. Die Liebe weiß, dass Sie gut sein wollen und müssen, weil Sie Liebe *sind,* nicht um Liebe zu verdienen.

Vielleicht haben Sie heute etwas getan, das Ihr Gewissen nicht akzeptieren kann. Dann wissen Sie, dass Sie morgen etwas unternehmen müssen, um Verantwortung für Ihr Verhalten zu zeigen. Sollten Sie Schuldgefühle verspüren, wissen Sie jetzt, dass dahinter die Angst steckt, nicht geliebt zu werden, wenn Sie bestimmte Bedingungen nicht erfüllen. Diese Angst können Sie sich nehmen, indem Sie sich sagen, dass Sie geliebt werden ohne Bedingungen und dass Sie aus dieser Liebe nicht herausfallen können. Sie können der Angst mit Verständnis begegnen, aber Sie sollten nicht tun, was Sie Ihnen zu tun empfiehlt.

Die Liebe will nur wissen: »Hast du heute geliebt? Hast du dich geliebt gefühlt? Warst du lebendig, hast du dich gefreut? Hast du deiner schwingenden Seele Raum gegeben? Wenn nicht, was brauchst du morgen, um das zu ändern? Wenn du fleißig warst, wie hast du dich dabei gefühlt? Wie ein Hamster im Laufrad oder warst du mit Herzblut bei dem, was du getan hast?« Und die Liebe stellt diese Fragen nie streng oder unnachgiebig, sondern immer voller Wohlwollen und Verständnis und in dem aufrichtigen Bemühen, Ihnen dabei zu helfen, jeden Tag auf die bestmögliche Art zu leben.

Auf diese Weise werden Sie nicht nur am Ende eines jeden Tages in Frieden mit sich sein, sondern auch am Ende Ihres

Lebens. Wenn Sie Ihr Leben liebend verbracht haben, dann werden Sie am Leben satt und dann werden Sie auch am Ende akzeptieren können, dass Sie es loslassen müssen. Dann wird es sich stimmig und gut anfühlen und Sie werden dankbar sein für das Leben, das Sie gelebt haben, und für die Person, die Sie in diesem Leben hier sein durften. Auch wenn es in Ihrem Leben große Schwierigkeiten gegeben haben sollte, Niederlagen, Verletzungen, vielleicht sogar traumatische Erfahrungen. Die Liebe wird Ihnen jeden Tag helfen, mit all diesen Herausforderungen fertigzuwerden.

Heilung mit Gott

Möglicherweise gingen Ihnen beim Lesen des letzten Abschnitts Gedanken durch den Kopf wie: »Das klingt ja alles sehr schön und für manche Menschen mag das auch funktionieren. Aber für mich geht das nicht, denn ich habe gar keinen normalen Alltag, weil ich krank bin. Ich wäre gerne ein Mensch mit einem normalen Leben, in dem ich mich geliebt fühlen kann, aber ich bin so ein Mensch nicht.« So oder ähnlich mögen Sie gedacht haben, wenn Sie mit einer chronischen Krankheit leben, depressiv sind, eine Angststörung haben, sich gerade in einer massiven Lebenskrise befinden oder unter einem Trauma leiden. Ganz egal, was es ist, es könnte sein, dass Sie das Gefühl haben, in irgendeiner Weise nicht »normal« zu sein, nicht so zufrieden, gesund und leistungsfähig wie alle anderen. Vielleicht fühlen Sie sich von Ihrem Leben überfordert, vielleicht glauben Sie, dem Leben einfach nicht gewachsen zu sein. Eventuell haben Sie sogar schon versucht, einen Psychotherapieplatz zu bekommen, und haben nach endlosen Telefonaten, in denen Sie nur die Botschaft bekamen, dass es keinen Platz für Sie gibt, entmutigt aufgegeben. Es geht Ihnen richtig schlecht und da lesen Sie, Sie sollen sich einem liebenden Gott anvertrauen? Dass es diesen liebenden Gott gibt, das merken Sie gerade überhaupt nicht, und wenn Sie sich Ihr Leben so anschauen mit all den Zumutungen, die es enthalten hat, dann haben Sie nicht den Eindruck, dass da etwas ist, was es gut mit Ihnen meint.

Glauben Sie mir, wenn das so ist, dann kann ich das gut verstehen. Dennoch wünsche ich mir, dass in Ihnen trotz allem noch die Frage ist, ob und wie diese ganze Sache mit Gott und der Liebe Ihnen helfen kann. Denn ich bin sicher, das kann sie, und ich möchte Ihnen gerne zeigen, wie.

Umgang mit Schmerz und Leid

Wenn Sie krank sind, egal, ob körperlich oder psychisch, wenn Sie sich in Ihrem Leben einfach nicht wohlfühlen und den Eindruck haben, dass Sie der Situation hilflos ausgeliefert sind, dann ist es wahrscheinlich, dass Sie gegen diesen Zustand Widerstand leisten und dass Sie sich selbst so, wie Sie gerade sind, ablehnen. Gleichzeitig beschäftigen Sie sich die ganze Zeit mit Ihren Problemen, Sie beobachten sich genau, lesen viel darüber, sprechen mit Ihren Freundinnen und Freunden. Oder Sie versuchen sich abzulenken, essen oder trinken zu viel, nehmen Drogen oder verbringen immer mehr Zeit mit dem Konsum der neuen Medien. Auf diese Weise überstehen Sie, aber Sie haben nicht das Gefühl, auf einem Weg der Heilung zu sein. Denn ganz egal, wie schlecht es uns geht, wie furchtbar unsere Lage ist, wenn wir das Gefühl haben zu heilen, dann ist alles schon nicht mehr so schlimm.

Sie haben also ein Problem, eine Last, eine Energie, die gegen Sie gerichtet zu sein scheint. Und dagegen leisten Sie Widerstand, Sie kämpfen. Vielleicht haben Sie schon oft gesagt: »Ich bin des Kämpfens müde, aber das Leben ist nun einmal ein steter Kampf, da kommt man nicht raus.« Das Vertrackte ist nur: Alles, wogegen man kämpft, kämpft zurück. Immer. Und wird dadurch stärker. Dazu kommt: **Die Energie folgt der Aufmerksamkeit. Alles, worauf Sie Ihre Aufmerksamkeit richten, wird größer.** Machen Sie einmal ein kleines Experiment: Richten Sie Ihre Aufmerksamkeit auf Ihren linken Wadenmuskel. Spüren Sie ganz genau hinein. Ist er angespannt oder entspannt? Können Sie das überhaupt wahrnehmen? Tut da irgendwo etwas weh? Wenn Ihr Muskel angespannt ist oder wehtut, dann ist es sehr wahrscheinlich, dass Sie das jetzt sehr viel genauer wahrnehmen als noch vor zehn Minuten. Vermutlich haben Sie vorher während des Lesens Ihren Wadenmuskel nicht oder kaum wahrgenommen, durch Ihre Aufmerksamkeit darauf ist jetzt Ihr Gewahrsein für ihn gewachsen.

Die übliche Reaktion auf einen unangenehmen Zustand hilft uns also in vielen Fällen nicht. Wenn ich Schmerzen habe,

Angst verspüre oder depressiv bin und gegen diesen Zustand ankämpfe, dann wird er nicht besser, sondern schlimmer. Und die ängstliche Aufmerksamkeit darauf verstärkt das Problem weiter. Sich abzulenken könnte eine gute Idee sein. Leider lenken sich die meisten Menschen aber mit schädlichen Dingen ab, sodass sie am Ende mehr Probleme haben als vorher: Alkohol- oder Tablettensucht, Übergewicht, vermehrte soziale Probleme, weil die Betroffenen immer vor dem Bildschirm hängen, und vieles mehr. Zudem bedeutet sich abzulenken, dass das Problem sich ignoriert fühlt, und das mag niemand, auch Probleme mögen das nicht.

Wenn Sie Kinder haben: Wie reagieren die, wenn Sie sie ignorieren? Genau, sie nerven immer mehr. Und wenn Sie sich ihnen dann zwar zuwenden, aber sie bekämpfen, also schimpfen oder ihnen Vorwürfe machen, löst sich das Problem dann? Nein.

Was braucht jeder und jede auf der Welt, wenn etwas nicht in Ordnung ist? **Liebevolle Zuwendung, Verständnis und Mitgefühl.** Und nicht und niemals Widerstand, Kampf, gereizte Aufmerksamkeit, Ablehnung oder Ignoranz. Letzteres sind aber tatsächlich die am weitesten verbreiteten Reaktionsmuster auf Leid und Schmerz, in welcher Form auch immer sie auftreten mögen. Wohlgemerkt, diese Reaktionsmuster sind ganz normal und auch ich kann mich nicht rühmen, dass sie nie in mir ablaufen. Wenn mir etwas Blödes passiert, können Sie mich durchaus auch mal fluchen hören. Es ist nicht schlimm, wenn diese Muster automatisiert auftreten, dagegen können Sie sowieso nicht viel machen. Aber Sie sollten den Pfad, den Sie da betreten, alsbald wieder verlassen, denn zur Heilung bringt er Sie ganz sicher nicht.

Damit Sie sich in jeder Situation, wie schlimm auch immer sie sein mag, die notwendige Zuwendung, das Mitgefühl und das Verständnis, das Sie brauchen, geben können, müssen Sie sich im Kontakt mit der bedingungslosen Liebe erleben. Sonst gelingt das einfach nicht. Denn nur die bedingungs*lose* Liebe ist fähig, sich offen zuzuwenden, ohne Vorurteil. Nur die bedingungslose Liebe ist bereit, sich mit allem auseinanderzusetzen und für alles Heilung anzubieten. Eben weil sie die Frage, ob das, was da gerade auftaucht, gut oder schlecht ist, gar nicht stellt. Es ist da und braucht Liebe.

Nehmen wir einmal an, es gibt ein Ereignis, auf das Sie sich freuen und an dem Tag, wo dieses stattfinden soll, wachen Sie mit Kopfschmerzen auf. Ihre erste Reaktion ist vermutlich: »Oh, nein, nicht das jetzt, das kann ich jetzt überhaupt nicht gebrauchen. Hoffentlich geht es bald besser.« Sie leisten also Widerstand. Vielleicht nehmen Sie eine Tablette und beobachten ganz genau, ob diese auch wirkt. Wenn Sie Glück haben, wirkt sie tatsächlich und das Problem ist gelöst. Jedenfalls dann, wenn Sie nur sehr selten Tabletten nehmen. Denn häufig Kopfschmerztabletten zu nehmen kann zu noch schlimmeren Kopfschmerzen führen. Nehmen wir jetzt weiter an, die Tabletten wirken nicht so, wie Sie sich das wünschen, oder Sie nehmen keine Tabletten. Sie haben jedenfalls immer noch Kopfschmerzen und Sie sind immer noch sauer deswegen. Sie beschimpfen sich selbst: »Ich halte aber auch gar nichts aus, was bin ich nur für ein Weichei.« Oder Sie fragen sich: »Was habe ich denn jetzt schon wieder falsch gemacht, wofür werde ich bestraft?« Dann sind Sie sauer auf Gott, das Leben, das Schicksal, auf die Zumutung, jetzt Kopfschmerzen zu haben. Sie sagen sich: »Alle anderen werden sich heute Abend prima amüsieren, nur ich muss entweder absagen oder mich durch den Abend quälen.« Als Nächstes versuchen Sie sich abzulenken, was Ihnen aber nicht besonders gut gelingt. Ihre Aufmerksamkeit wird immer wieder von Ihrem Kopf in Anspruch genommen. Immer wieder überprüfen Sie ängstlich, was die Schmerzen machen. Wenn Ihnen jetzt jemand mit der Hilfe durch einen bedingungslos liebenden Gott kommt, springen Sie ihm an die Gurgel.

In welcher Situation befinden Sie sich jetzt? (Glauben Sie mir, ich kenne solche Situationen nur zu gut. Allerdings halte ich mich heute nicht mehr allzu lange darin auf.)

Sie befinden sich im Widerstand gegen Ihren Schmerz, Sie kämpfen gegen ihn an. Sie sind wütend und lehnen sich selbst ab. Sie versuchen, den Schmerz zu ignorieren, was diesem aber nicht gefällt, und Ihre Aufmerksamkeit wird immer wieder vom Schmerz beansprucht. Sie fühlen sich isoliert, weil Sie meinen, dass Sie die einzige Person sind, die solche Probleme hat, und den anderen geht es besser als Ihnen.

Widerstand, Kampf, Ablehnung, Wut, Isolation, Hilflosigkeit. Eine ungünstige Mischung. Und ganz sicher nicht dazu angetan, in irgendeiner Weise zur Heilung beizutragen. Denn in diesem inneren Erleben spannt sich Ihr Körper maximal an. Das heißt, der Sympathikus ist hoch aktiv. Sie werden die Situation auf jeden Fall überleben, aber heilen können Sie nicht. Das können Sie nur, wenn Sie in den parasympathischen Zustand wechseln, also sich entspannen.

»Hah!«, höre ich Sie sagen: »Wie soll ich das denn machen? Alles hat sich gegen mich verschworen und ich soll mich entspannen? Guter Witz!«

Zugegeben, auf den ersten Blick erscheint das fast unmöglich zu sein. Fragen Sie sich dennoch: »Wie würde sich mein Erleben verändern, wenn ich an die bedingungslose Liebe glaube und ich mich jetzt und hier mit ihr verbinde?«

Was würde die bedingungslose Liebe tun? Zunächst einmal wäre sie liebevoll und mitfühlend. Vielleicht würde sie sagen: »Oje, du hast Kopfschmerzen und heute ist doch dieses Ereignis, auf das du dich so gefreut hast. Dass du dich schlecht fühlst, das verstehe ich gut. Kann ich etwas für dich tun?«

Wie ist das für Sie, wenn Sie sich verstanden fühlen? Können Sie spüren, wie Sie sich schon ein ganz klein wenig entspannen, weil da jemand ist, der Sie, so wie Sie jetzt sind, annimmt und für Sie da ist?

Wie geht es weiter? Die Liebe sagt: »Hast du das Gefühl, dass du bestraft wirst, lehnst du dich selbst ab, glaubst du, du bist die einzige Person, die solche Probleme hat? Das verstehe ich. Bleib einen Moment bei diesem Gefühl, nimm es einfach wahr, lass es da sein. Es ist nicht schön, das so zu sehen, nicht wahr? Verändert es etwas, wenn ich dir versichere: Du wirst niemals bestraft, weil es keinen Grund gibt, dich zu bestrafen? Ich lehne dich niemals ab, nie, nie, nie. Für mich bist du immer wunderbar und einzigartig, ganz egal, was du erlebst oder durchmachst. Du bist einzigartig, aber dennoch bist du mit allen anderen Menschen verbunden. Denn ausnahmslos jeder Mensch kennt das Gefühl von Schmerz, Angst und Hilflosigkeit. Dass du das empfindest, macht dich nicht weniger menschlich, sondern menschlicher. Es zeigt deine Verletzlichkeit und in eben dieser bist du als Mensch mit allen anderen Menschen verbunden.«

Spüren Sie die Veränderung, wenn Sie wissen, dass Sie nicht bestraft werden, dass Sie noch immer geliebt sind und dass Sie sich durch Ihr Leid eben nicht von anderen Menschen unterscheiden, sondern Sie dadurch umso mehr mit Ihnen verbunden sind? Können Sie jetzt wahrnehmen, dass Ihr Leid Sie nicht demütigt und anderen Menschen unterlegen sein lässt, sondern dass es Ihre Fähigkeit stärkt, anderen Menschen menschlich und auf Augenhöhe zu begegnen?

Die Liebe wendet sich jetzt direkt dem Schmerz zu. Welche Botschaft könnte der Schmerz haben? Die Liebe nimmt ihn ernst, aber nicht tragisch. Ja, er ist da und offensichtlich ist er wichtig. Da Schmerz immer etwas mit Anspannung zu tun hat, könnte in diesem Schmerz ein nicht wahrgenommenes Gefühl verborgen sein.

Sehr häufig ist das irgendeine Form von Angst. Beispielsweise könnte sich bei dem Ereignis, auf das Sie sich freuen, eine

Person befinden, mit der Sie einen Konflikt haben. Oder Sie wissen nicht, ob Ihnen fremde Personen anwesend sein werden, und der Kontakt mit Fremden verunsichert Sie. Oder Sie haben ein Schuldgefühl, weil Sie einer Freundin absagen mussten, weil Ihnen dieses Ereignis so wichtig war. Oder, oder, oder. Es sind alle möglichen Botschaften denkbar, die sich in Ihrem Schmerz verbergen können. Nur Sie können sie hören. Aber Ihr Schmerz wird Ihnen nur dann sagen, worum es wirklich geht, wenn er sich angenommen und verstanden fühlt. Wenn Sie ihn bekämpfen und ablehnen, vertraut er sich Ihnen sicher nicht an. Wichtig ist: egal welches Gefühl, welche Botschaft Sie in Ihrem Schmerz entdecken, bleiben Sie in der Liebe, die urteilsfrei neugierig ist. Jedes Gefühl, jede Angst, jede Trauer, Eifersucht, Neid oder was auch immer da zutage treten mag, ist eine Information für Sie, die sehr wertvoll ist. Sie lernen sich mithilfe Ihres Kontakts zu Ihren Gefühlen immer besser kennen. So sind Sie! Und so dürfen Sie sein! Es ist interessant, in Kontakt mit sich selbst zu kommen, wenn man sich dabei von der bedingungslosen Liebe begleiten lässt.

Wenn Sie ein Gefühl identifiziert haben, das sich in Ihrem Schmerz verbirgt, dann lassen Sie zu, dass Sie dieses Gefühl erleben. Verurteilen Sie sich nicht deswegen. Es ist Ihr Gefühl und Sie haben ein Recht darauf. Lernen Sie es einfach kennen. Seien Sie liebevoll mit diesem Gefühl, geben Sie sich Verständnis oder stellen Sie sich vor, wie die Liebe Ihnen Verständnis gibt. Und erinnern Sie sich: Gefühle, die da sein dürfen, verändern sich von selbst. Wenn Sie einem Gefühl in sich genug Raum gegeben haben, werden Sie auch wieder kreativ im Umgang mit dem Gefühl.

Können Sie nun erkennen, wie die Liebe Ihnen im Umgang mit Schmerzen helfen kann? Das Gleiche gilt für Angst oder Depression. Das Wichtigste ist immer erst einmal, die Liebe zu nutzen, um sich selbst anzunehmen, so wie man ist. Verständnis und Mitgefühl sind immer die Schlüssel zu Veränderung und Wachstum und ohne geht es nicht.

Wenn ich selbst mal wieder in den Widerstand zu Erfahrungen gehe, die ich nicht mag, erinnere ich mich gerne an ein Erlebnis, das ich vor vielen Jahren hatte: Da etliche meiner Freunde damals mit Begeisterung Wildwasser paddelten, machte ich auch einen Kurs. Bei der Einführung erklärte uns der Kursleiter eindringlich, wie wir damit umzugehen hätten, wenn unser Boot auf einen Felsen zusteuert. Wir dürften uns auf keinen Fall – wie man das automatisch macht, wenn ein Hindernis kommt – von dem Felsen wegwenden. Im Gegenteil, wir sollten den Felsen »umarmen«, das Boot also zu ihm hinneigen. Wenn wir versuchen würden, uns von dem Felsen wegzubewegen, würde der Wasserstrudel unter unser Boot greifen und uns umwerfen. Wenn wir hingegen den Felsen umarmen, dann würde uns das Wasser zurück in den Fluss werfen, ohne dass das Boot umfalle. Theoretisch leuchtete mit das ein und ich war fest entschlossen, den Empfehlungen zu folgen. Allein, es gelang mir nicht. Immer wieder reagierte ich »instinktiv« und wendete mich von dem Felsen ab, wenn ich auf einen zusteuerte. Und natürlich landete ich jedes Mal im Wasser. Kein Spaß. Irgendwann war ich komplett entnervt und mein Boot fuhr mal wieder auf eine große Felswand zu. Diesmal wollte ich es aber wirklich richtig machen. Ich schrie mich selbst an: »Jetzt umarme endlich diesen Scheiß-Felsen, Uta, umarm ihn, umarm ihn, du dumme Nuss!« Und ich umarmte ihn. Und wurde zurück in den Fluss gesteuert. Ohne auszusteigen. Einfach so. Unglaublich. Ich bedauere es bis heute, dass es von dieser Szene kein Video gibt. Es wäre eine so schöne Illustration dessen, was ich immer predige – und meine Patientinnen hätten sicher großen Gefallen daran.

Wenn Sie mal wieder Widerstand leisten, erinnern Sie sich daran, gegen jede Intuition den Felsen zu umarmen, damit Sie wieder zurück in den Fluss des Lebens geschickt werden, ohne dass Sie Wasser schlucken müssen.

Aufhebung von Gefühlstaubheit

Haben diese Ausführungen Ihnen weitergeholfen oder haben Sie das Gefühl, dass Sie das mit der Liebe immer noch nicht so recht hinkriegen? Sie verstehen, worauf ich hinauswill, aber Sie wissen einfach nicht, wie Sie sich mit dieser Liebe verbinden können? Es scheint, als wären Sie blockiert, als wäre da etwas in Ihnen, das die Liebe abwehrt? Wenn das der Fall ist, hängen Sie vermutlich auf der Seite des Sympathikus fest, die verhindert, dass Sie sich Ihren Gefühlen öffnen. Sie sind dauerhaft dissoziiert, von Ihren Gefühlen abgespalten.

Wenn Sie im Anhang die Liste mit den Begriffen anschauen, die den jeweiligen Polen zugeordnet sind, dann finden

Sie dort die Worte »**Assoziation**« auf der Seite des Parasympathikus und »**Dissoziation**« in der anderen Spalte.

Wenn wir Menschen in Sicherheit sind und uns gut fühlen, dann sind wir in Kontakt mit uns selbst. Wir können uns selbst und die Welt wahrnehmen und unsere Gefühle spüren. Diesen Zustand nennt man Assoziation. Wir sind dann mit unserem lebendigen Erleben assoziiert, also verbunden. Wenn wir hingegen in eine Krise geraten, wenn uns Gefahr droht, wenn wir kämpfen müssen, dann ist es sehr sinnvoll, in dieser Phase nicht zu fühlen. Wir konzentrieren uns ganz auf die Handlung, die wir ausführen müssen, um zu überstehen, und wir nehmen nicht wahr, wie es uns dabei geht. Wird die Situation ganz unerträglich und wir können uns nicht durch Kampf oder Flucht helfen, schaltet der Organismus noch mehr ab und wir verfallen in eine Art Starre.

Egal, ob Kampf, Flucht oder Starre, Gefühle zu fühlen wäre in diesen Situationen nicht nützlich, und es nicht zu tun, dient dem Überleben. Diesen Zustand nennt man Dissoziation, die Gefühle werden abgespalten.

Ein Soldat im Schützengraben darf nicht fühlen, in welcher Gefahr er sich befindet, sein Immunsystem würde sonst zusammenbrechen. Wenn der Soldat dann aber im Lazarett oder wieder in der Heimat ist, dann ist es wichtig, dass er den Kontakt zu seinen Gefühlen wieder aufnimmt, dass er wieder fühlt, was es zu fühlen gab, auch wenn das sehr schlimm ist. Denn wenn er das nicht tut, bleibt er für immer zumindest in Teilen von sich selbst abgespalten und fühlt sich dann seltsam unlebendig, unverbunden mit sich und der Welt, gefühlstaub. Als Dauerzustand ist das kaum erträglich.

Von der Natur ist Dissoziation auch nicht als Dauerzustand gedacht. Die Abspaltung sollte immer nur kurzzeitig stattfinden und direkt wieder aufgehoben werden, wenn die Gefahr vorbei ist. Dann sollte der Organismus wieder zurückschwingen in den Parasympathikus. In der wiedergewonnenen Sicherheit und Geborgenheit kann dann Heilung stattfinden. Die Verletzung kann »erfühlt« werden und die Liebe kann wieder fließen. Und für unser Heilungssystem ist die Liebe unbedingt notwendig. Ein Organismus, der im Sympathikus »festhängt«, kann also nicht heilen, ganz egal, wie sehr man sich darum bemühen mag.

Für Erwachsene, zumindest in Deutschland, ist es kein Problem, ausreichend Sicherheit und Geborgenheit zu erleben, um dem Parasympathikus Raum zu geben. Wir kommen in Deutschland im 21. Jahrhundert nicht allzu oft in Situationen, die es erfordern, dass wir unsere Gefühle abspalten. Und wenn, hören diese Situationen nach einer Weile auch wieder auf.

Für Kinder sieht die Situation allerdings gegebenenfalls anders aus. Wenn ein Kind in einer Familie aufwächst, die ihm nicht ausreichend Schutz und Geborgenheit gewährt, dann ist das Kind darauf angewiesen, seine Gefühle wegzusperren, um zu überleben. Wenn ein Kind Gewalt ausgesetzt ist, wenn sexuelle Übergriffe stattfinden, wenn eine Mutter depressiv ist und sich dem Kind nicht zuwenden kann, oder auch nur, wenn das Kind glaubt, die Liebe der Eltern verlieren zu können, wenn es etwas falsch macht, dann erlebt das Kind nicht die notwendige Geborgenheit, um seine Gefühle ertragen zu können. Dazu kommt, dass ein Kind mit seinen Gefühlen niemals alleine zurechtkommen kann. Es braucht die Unterstützung der Erwachsenen, die diese Gefühle aushalten und dem Kind den Mut und die Zuversicht vermitteln können, dass es damit fertigwird.

Die Gefühle müssen dabei noch nicht einmal besonders dramatisch sein. Wenn ein Kind zum Beispiel seinen Teddy verliert, dann mag das aus Sicht der Erwachsenen keine Katastrophe sein. Für das Kind ist dies aber ein schlimmer Verlust und es wird sehr traurig sein. Wenn jetzt die Eltern ohne Mitgefühl und Verständnis reagieren, vielleicht sogar ungeduldig, weil sie keine Zeit zu haben meinen, sich mit den Gefühlen des Kindes auseinanderzusetzen, dann bleibt dem Kind nichts anderes übrig, als das Gefühl abzuspalten. Es wird sich dafür sehr stark körperlich anspannen müssen, die natürliche Schwingungsfähigkeit des Kindes wird beeinträchtigt. Wird das Kind mit seiner Traurigkeit hingegen gehalten und unterstützt, dann lernt es, dass es Gefühle aushalten kann und dass sie sich mit der Zeit ganz von alleine ändern. Es hat also eine wertvolle Erfahrung gemacht. Es sollte niemals darum gehen, Kinder vor schwierigen Gefühlen zu schützen, denn das ist nicht das ganze Leben lang möglich. Es geht immer darum, Kinder mit Gefühlen, mit welchen auch immer, nicht allein zu lassen.

Wenn ein Kind dauerhaft intensive Gefühle nicht fühlen darf, weil es keine Erwachsenen gibt, die es dabei unterstützen, diese zu bewältigen, dann bekommt es vor starken

Gefühlen Angst. Denn diese Gefühle zu fühlen, ohne die liebevolle Anwesenheit und den Trost eines Erwachsenen, bedeutet für das Kind eine reale Gefahr. Die Angst wird umso stärker sein, je weniger Liebe und Geborgenheit generell in einer Familie vorhanden sind. Wächst das Kind mit gewalttätigen, suchtkranken, depressiven oder auf andere Weise psychisch kranken Eltern auf, dann gibt es dort niemals einen Ort, an dem das Kind assoziieren, also in Kontakt zu sich selbst sein kann. Das Zuhause ist dann keine Quelle von Geborgenheit und Schutz und kein sicherer Ort, um starke Gefühle zu erleben. Kinder aus solchen Familien bleiben üblicherweise dauerhaft dissoziiert.

Das ändert sich leider nicht von selbst, wenn die Kinder erwachsen werden. Sie erinnern sich an das Beispiel mit den kleinen und den großen Elefanten? Wenn ein Mensch in seiner Kindheit erlebt hat, dass es lebensgefährlich wäre zu fühlen, dann wird ihm, wenn er erwachsen ist, nicht einfach bewusst, dass die Situation sich verändert hat. Der Organismus verhält sich dauerhaft, als wäre der Mensch noch genauso hilflos und ausgeliefert wie als Kind.

Das Kind hätte tatsächlich sein Leben aufs Spiel gesetzt, hätte es starke Gefühle von Angst, Einsamkeit und Verzweiflung ohne Unterstützung von Erwachsenen zugelassen. Machen Sie sich bewusst, wie unbeschreiblich hilflos ein Kind ist. Es kann eine unerträgliche Situation nicht einfach verlassen, kann üblicherweise nichts tun, um sich selbst zu retten. Es muss überleben. Jahrelang. Es darf nicht fühlen, was es fühlt. Das Immunsystem würde das nicht aushalten, das

Kind würde tatsächlich sterben. Das ist keine Dramatisierung der Situation, das ist Fakt.

Sollte es also in Ihrer Kindheit, aus welchen Gründen auch immer, eine solche Notwendigkeit gegeben haben zu dissoziieren, dann empfindet Ihr Organismus jetzt Lebensgefahr, wenn er wieder fühlen soll. Das gilt möglicherweise nicht für oberflächliche Alltagsgefühle, aber ganz sicher für tiefe Gefühle von Liebe und Berührtsein. Eventuell haben Sie zudem auch generell Schwierigkeiten, sich zu entspannen. Das hängt ebenfalls damit zusammen. Der Zustand der Dissoziation wird durch Körperspannung aufrechterhalten. Wenn der Körper in die Entspannung kommt, die Muskeln sich lösen, dann assoziieren Sie und dann tauchen die alten Gefühle auf. Und mit ihnen die Idee der Lebensgefahr. Also spannt sich der Körper ganz schnell wieder an, damit die Gefahr wieder gebannt wird. Darum können so viele Menschen von den Entspannungstrainings, die wohlmeinende Ärzte ihnen verschreiben, nicht profitieren. Wenn der Organismus noch meint, ohne Dissoziation nicht überleben zu können, wird er nicht zulassen, dass Sie sich entspannen.

Sollten Sie eine große Sehnsucht verspüren nach einer bedingungslosen Liebe, die Sie immer hält und trägt, egal, was passiert, Sie aber gleichzeitig eine starke Blockade gegen eine solche Liebe in sich spüren, dann befindet sich Ihr Organismus mit hoher Wahrscheinlichkeit im Zustand der dauerhaften Dissoziation, mindestens von tiefen Gefühlen. Und das verhindert, dass Sie sich in die Arme eines Sie immer und unter allen Umständen liebenden Gottes hinein entspannen.

Was können Sie tun, wenn das für Sie zutrifft? Die wichtigste Botschaft an Ihren Organismus ist: **Ich bin erwachsen!** Das klingt trivial, ist es aber überhaupt nicht. Ihr Organismus weiß das tatsächlich nicht.

Wenn Sie mögen, setzen Sie sich einmal hin und schreiben Sie Ihrem Organismus beziehungsweise dem Kind, das Sie einmal waren, einen Brief. Danken Sie ihm für seine Klugheit und Weitsicht, mit der jahrelangen Dissoziation dafür gesorgt zu haben, dass Sie überlebt haben. Das Kind hat mit seinem Verzicht auf tiefe Gefühle dafür gesorgt, dass es Sie jetzt überhaupt gibt. Wenn man so will, hat das Kind sich seine eigene Rettung geschaffen, indem es dafür gesorgt hat, dass es überlebt und erwachsen wird. Das Kind hat sich jahrelang nach Rettung gesehnt und hat immer wieder gehofft, dass endlich ein Erwachsener kommen möge und es zu Liebe und Geborgenheit führen würde. Das ist aber nie passiert und darum ist das Kind jetzt auch sehr skeptisch, wenn Sie ihm erklären, dass es jetzt endlich in Sicherheit ist und heilen kann. Alle Erwachsenen in seiner Kindheit haben sich als zu schwach erwiesen, ihm zu helfen. Warum sollte es jetzt anders sein? Wer garantiert, dass Sie nicht auch wieder gehen, wenn es zu schwierig wird, wie so viele andere vorher? Wer garantiert, dass dieser Gott tatsächlich immer da ist? Ihre innere Erwachsene garantiert das, denn er oder sie kann für die Verbindung zur Liebe selbst sorgen, anders als das Kind früher. **Und diese Erwachsene wird nicht gehen, sie kann gar nicht gehen, weil sie und das Kind eins sind.** Das ist der entscheidende Unterschied.

Sagen Sie dem Kind und Ihrem Organismus: »Ich bin erwachsen und ich bin jetzt bereit und fähig, die Verbindung zur bedingungslosen Liebe herzustellen. Ich werde nicht gehen, weil ich nicht gehen kann. Weil ich du bin, kann ich dich nicht verlassen. Ganz davon abgesehen, dass ich das auch gar nicht will. Aber selbst wenn ich es wollte, könnte ich es nicht. Ich bin mit dir verbunden, du hast mich geschaffen!«

Weil Sie erwachsen sind, ist es Ihnen möglich, den Unterschied zwischen der höchsten menschlichen Autorität und Gott zu erkennen und den Gott zu wählen, den Sie in Ihrem Leben haben möchten. Und ich kann mir nicht vorstellen, dass Sie einen anderen Gott wünschen als den bedingungslos liebenden Gott, der immer für Sie da ist, Sie hält und nährt, was auch geschieht. Weil Sie erwachsen sind, können Sie in Krisensituationen bewusst die Verbindung zu diesem Gott herstellen und sich damit immer wieder eine Quelle von Geborgenheit und Schutz schaffen. Es mag noch immer Situationen geben, in denen es notwendig zu sein scheint, zu dissoziieren. Aber Sie wissen jetzt, dass Sie so schnell wie möglich dafür sorgen sollten, dass Sie sich wieder mit sich selbst verbinden können. Durch die Verbindung zu Gott, zur Liebe, schaffen Sie sich den Schutzraum, den Sie brauchen, damit Ihr Organismus wieder in den Parasympathikus zurückschwingen kann und Heilung möglich wird.

Sollte das Thema Dissoziation bedeutsam für Sie sein, weil Sie eine außerordentlich schwierige Kindheit überleben mussten, dann brauchen Sie für den Prozess der Assoziation sehr viel Geduld. Und vermutlich auch irgendeine Form von stabiler menschlicher Hilfe. Das kann eine Psychotherapie sein, muss es aber nicht notwendigerweise. Auch ein Geistlicher, der selbst an einen bedingungslos liebenden Gott glaubt, kann helfen oder gute Freunde. Auf jeden Fall wird der Prozess des Wiedergewinnens des Kontakts zu sich selbst Zeit brauchen. Seien Sie dabei so liebevoll und mitfühlend mit sich selbst, wie Ihnen das irgend möglich ist. Wenn Sie dranbleiben, werden Sie bald spüren, dass Sie auf einem guten Weg sind, auch wenn dieser Weg lange dauern mag. In gewisser Weise sind wir alle auf diesem Weg, denn irgendwelche alten Blockaden aus unserer Kindheit tragen wir alle mit uns herum. Und der Kontakt zur großen Liebe kann für jeden Menschen an jedem einzelnen Tag noch ein bisschen enger, stärker und ermutigender werden.

Das Ablegen der Täter-/Opferrolle

Da wir in der Kindheit so ausgeliefert sind und so ungeheuer abhängig von dem, was die Erwachsenen tun, macht jedes Kind irgendwann die Erfahrung Opfer zu sein. Die Rolle des Opfers ist gekennzeichnet durch Hilflosigkeit und ohnmächtige Wut. Das Opfer kann nichts tun, um seine Situation zu verbessern. Es fühlt sich gedemütigt und das ruft große Wut hervor. Wut, die aber nicht geäußert und nicht zur Veränderung der Situation genutzt werden kann, weil das Kind nicht genug Macht hat, um die Opferrolle zu verlassen.

Ein Kind wird diese Rolle ablehnen und unglücklicherweise lehnt es mit dieser Rolle auch sich selbst ab. Ein Kind, das sich als Opfer erlebt, glaubt, dass es diese Rolle verdient hat. Wenn ein Erwachsener es lieblos behandelt, kann das Kind nicht sehen, dass der Grund für das Verhalten im Erwachsenen liegt, es wird sich immer selbst an der Reaktion des Erwachsenen schuldig fühlen. Es wird versuchen herauszufinden, was in ihm die Reaktion des Erwachsenen hervorruft, und dies dann auszumerzen oder zu verändern versuchen. Da das lieblose Verhalten eines Erwachsenen aber *niemals* im Kind begründet liegt, muss das Kind mit diesem Versuch scheitern. Es bleibt also hilflos und ausgeliefert und hasst sich dafür.

Sollte es im System einen liebevollen Erwachsenen geben, der dem Kind das Verhalten des lieblosen Menschen erklären kann, dann kann das Kind die Opferrolle wieder verlassen und kann aufhören, sich selbst abzulehnen. Ohne die Erklärung eines liebevollen Erwachsenen gelingt dies jedoch nicht. Allerdings muss dieser liebevolle Erwachsene vom Kind als dem lieblosen Erwachsenen ebenbürtig wahrgenommen werden, weil das Kind den anderen Erwachsenen sonst ebenfalls als Opfer wahrnimmt.

Viele meiner Patientinnen haben einen Elternteil, der liebevoll war, auch wenn der andere es nicht war. Wenn aber dieser Elternteil als schwach wahrgenommen wurde, dann fühlt sich das Kind zwar in seiner Opferrolle nicht so allein, aber verlassen kann es sie nicht, weil der liebevolle Erwachsene ebenfalls in dieser Rolle feststeckt.

Sehr viele Kinder haben in ihrer Kindheit die Erfahrung gemacht, dass die Welt aufgeteilt ist in starke, machtvolle, lieblose Täter und freundliche, zugewandte, aber machtlose Opfer. Dann gehen die Kinder davon aus, dass sie selbst sich zwischen diesen beiden Rollen entscheiden müssen. Entweder werden sie freundliche, liebevolle Menschen, die aber leider immer wieder zu Opfern werden, oder sie werden zu Tätern. Die, die sich für die Täterrolle entscheiden, beschließen früh, keine Verletzlichkeit mehr zuzulassen. Sie dissoziieren sehr stark und wirken dadurch als Erwachsene oft vordergründig gelassen und unbeeindruckt. Verständnis und Mitgefühl zu zeigen, fällt ihnen sehr schwer. Die Opfer hingegen sind sensibel, erleben sich oft als ihren Gefühlen ausgeliefert und wünschen sich ein »dickes Fell«. Manche schätzen ihre hohe Sensibilität durchaus, leiden aber sehr daran, dass ihr Umfeld nicht so zartfühlend mit ihnen umgeht, wie sie es brauchen.

Natürlich erlebt jeder dieser Menschen sich in seinem Leben mal als Täter und mal als Opfer, aber die meisten haben eine »bevorzugte Rolle«. Wobei die Opfer sich durchaus als Opfer wahrnehmen, die Täter allerdings selten von sich als Täter sprechen. Menschen, die unbewusst eher die Täterrolle gewählt haben, haben dies getan, weil sie sich Stärke wünschten und Unabhängigkeit. Sie wünschen sich nicht, lieblos zu sein, aber wenn es im Dienst von Selbstwertschätzung und Kraft notwendig ist, dann nehmen sie das in Kauf.

Der Glaube daran, dass es zwingend ist, eine der beiden Rollen zu wählen, entspricht dem Gedanken, dass einer der beiden Pole (Parasympathikus/Sympathikus, Yin/Yang) besser ist und dass es immer einen Pol gibt, der siegt. Darum werden Menschen, die eher die Opferrolle gewählt haben, sich schwertun mit dem Sympathikus und die Täter eher mit dem Parasympathikus. Wenn Sie einem Menschen in der Opferrolle versuchen den Sympathikus schmackhaft zu machen, wird er sagen: »Stärke fände ich ja auch manchmal ganz schön, aber ich will kein fieser Mensch werden. Wenn ich in diesen Pol gehe, stumpfe ich ab und werde zu einer Maschine ohne Gefühl. Das will ich nicht.« Andersrum wird die Person in der Täterrolle sagen: »Ich soll weicher werden, mehr Ruhe und Verletzlichkeit zulassen? Das tue ich bestimmt nicht. Ich will nicht hilflos und ausgeliefert sein, ein Schwächling. Ganz sicher nicht.«

Es dauert, bis Menschen, die in diesen Rollen feststecken, verstehen, dass es durch den Kontakt mit der allumfassenden Liebe eben nicht mehr darum geht, eine dieser beiden Rollen zu wählen, sondern beide Rollen gleichzeitig aufzugeben. Wenn sich die beiden Pole ergänzen, dann und nur dann ist die Liebe und echte Lebendigkeit wirklich am Werk. Und dann lösen sich diese Rollen auf.

Eine liebende Person ist stark, weil sie für sich selbst eintritt. Wenn es notwendig ist, wird sie dissoziieren können, um Herausforderungen zu bestehen und sich selbst zu retten. Danach wird sie sich ihren Gefühlen wieder zuwenden können und sich ihrer Verletzlichkeit gewahr werden, um zu heilen. Sie wird Ziele verfolgen und sich selbst bei der Stange halten. Sie wird zulassen können, dass ihre Seele schwingt, sich tief berühren lassen in der Begegnung mit anderen

Menschen. Sie wird tatkräftig sein, aber auch freundlich und mitfühlend. Sie kann zu hundert Prozent Verantwortung übernehmen für ihr Verhalten und ihre Gefühle, weil sie um ihre tiefe, unerschütterliche Unschuld als Mensch weiß. Sie kann Fehler erkennen und zugeben, ohne sich selbst anzugreifen. Fehler bei anderen benennt sie, ohne jemals den Respekt vor ihrem Gegenüber zu verlieren. Ein wahrhaft wunderbarer Mensch. Ausnahmslos jeder kann ein solcher Mensch werden.

Die Opferrolle ist immer die erste Erfahrung, sodass jeder Täter ursprünglich ein Opfer war. Und jedes Opfer ist zumindest in Bezug auf eine Person ein Täter: nämlich sich selbst gegenüber. Opfer lehnen sich selbst ab und sie behandeln sich selbst oft ungeheuer gnadenlos, so wie sie niemals einen anderen Menschen behandeln würden.

Wenn Sie von sich wissen, dass Sie in Ihrer Kindheit und Jugend Opfererfahrungen gemacht haben, die nicht geheilt werden konnten, dann können Sie davon ausgehen, dass Sie bis heute zwischen diesen beiden Rollen hin und her pendeln, mit der Betonung auf eine der beiden Rollen. Beide Rollen verhindern, dass die Liebe wirklich fließt. Wenn Sie sich für die Täterrolle entschieden haben, dann halten Sie von der Liebe im Zweifelsfalle gar nichts. Sie ist etwas für Schwache und führt zu unerträglicher Schutzlosigkeit. Stecken Sie in der Opferrolle fest, dann erleben Sie ständig Ihre Umgebung als lieblos. Andere Menschen sind potenzielle Feinde, vor denen Sie sich allerdings kaum schützen können.

In beiden Fällen erleben Sie sich nicht als Mensch unter Menschen und Ihre Mitmenschen sind nicht mit Ihnen auf Augenhöhe. Entweder stehen Sie über oder unter Ihnen. Sie verachten die anderen oder Sie erleben Sie als potenzielle Monster.

Wenn Sie die Opferrolle verlassen wollen, müssen Sie die Täter in Ihrem Leben auch aus der Täterrolle entlassen. Einen Menschen, der Ihnen wirklich viel angetan hat, als Menschen wahrzunehmen, kann tatsächlich knochenhart sein. Aber es ist ungeheuer heilsam. Denn nur dann begeben Sie sich mit dem anderen auf Augenhöhe und nur dann kommen Sie in Ihre Kraft. Das muss überhaupt nicht heißen, Kontakt mit diesem Menschen zu pflegen. Aber in Ihrem Inneren müssen Sie ihn in die bedingungslose Liebe entlassen und darauf vertrauen, dass sich das Gewissen dieses Menschen darum kümmern wird, dass er sich wandelt. Damit haben Sie nichts zu tun. Wenn Sie sich als Mensch erleben, der von einem anderen Menschen verletzt worden ist, aber nicht mehr als Opfer, dann und nur dann sind Sie frei und Ihre Wunden können heilen.

Wenn Sie die Täterrolle verlassen wollen, müssen Sie der Liebe eine Chance geben. Anzuerkennen, dass man furchtbar verletzt worden ist und dass man dagegen nichts tun konnte, kann ebenfalls knochenhart sein. Aber auch das ist ungeheuer heilsam. Sie müssen das abgespaltene Opfer in Ihrem Inneren in Ihren Arm nehmen und ihm Schutz und Sicherheit garantieren. Und Sie müssen sich selbst verzeihen, dass Sie nicht verhindern konnten, dass Sie gedemütigt wurden. Auch Sie sind einfach nur ein Mensch, der von Menschen verletzt wurde, und das macht Sie nicht zu einem mickrigen Wurm. Wenn Sie das wissen, dann sind Sie endlich frei zu lieben und Ihrer lebendigen Seele wieder Raum zu geben.

GESELLSCHAFT MIT GOTT

Für das Zusammenleben ist es von entscheidender Bedeutung, ob die Menschen in einer Gesellschaft mehrheitlich mit einem bedingungslos liebenden Gott leben oder mit einem Gott der Angst.

Wenn der Gott der Angst »herrscht«, dann legen die einzelnen Mitglieder der Gesellschaft sehr viel Wert auf Kontrolle und Status. Sie versuchen, möglichst viel Macht zu bekommen, und da Macht oft assoziiert ist mit Geld, streben sie nach Reichtum. Im Kontakt miteinander stellen sie ständig die Frage: »Steht der andere über mir oder unter mir? Muss ich mich ihm unterordnen oder kann ich ihn dominieren?« Andere Menschen sehen sie in erster Linie als potenzielle Gegner oder Konkurrenten an und es herrscht generell großes Misstrauen untereinander. Die Zugehörigkeit zu bestimmten Gruppen führt automatisch zum Ausschluss anderer Menschen, die nicht dieser Gruppe angehören. Um in der Gruppe bleiben zu können, werden strenge Regeln aufgestellt, die die Mitglieder befolgen müssen, da sie andernfalls aus der Gruppe ausgeschlossen werden könnten. Weil ständig Angriffe von außen drohen, kommt es darauf an, stets gut geschützt zu sein. Dieser Schutz entsteht durch Dissoziation, durch »Coolness« und Mangel an Menschlichkeit in Bezug auf jeden Menschen, der einem nicht nahesteht. Gefühle zu zeigen ist nur in sehr privatem Rahmen erwünscht. Im öffentlichen Raum sollte sich jeder eher bedeckt halten, damit niemand einem etwas »anhängen« kann. Wenn irgendwo etwas schiefläuft, ist es extrem wichtig, einen Schuldigen zu finden, den man angreifen, herabwürdigen und fertigmachen kann. Das entspricht dem Gerechtigkeitsempfinden der Angst und sie fordert es kompromisslos. Fehler sind zu vermeiden, und wenn sie gemacht wurden, müssen sie vertuscht werden, denn sonst folgt die gesellschaftliche Ächtung. Da das Leben auf diese Weise wenig Freude bereitet und jeder Einzelne stets unter starkem Druck steht, muss es ausreichend Ablenkungen und Tröstungen geben.

In einer solchen Gesellschaft gibt es demzufolge viele Suchtkranke und immer neue Aufreger. Auf Umweltschutz und Ressourcenschonung kann unter diesen Umständen natürlich keine Rücksicht genommen werden. Angst und Druck haben eine äußerst negative Wirkung auf das Immunsystem, sodass viele Menschen chronisch krank werden. Das führt zu einem aufgeblähten Gesundheitssystem, das aber nicht mehr Gesunde produziert, da die Wurzel des Übels gar nicht erkannt werden kann. Die Pharmaindustrie ist in einer solchen Gesellschaft einer der reichsten Industriezweige und wird immer reicher. Industrien, die Statussymbole produzieren, sind ebenfalls sehr erfolgreich und expandieren, denn Konsum und Erwerb von Statussymbolen wirkt wie ein Pflaster für die Wunde der ständigen Angst.

Kommt Ihnen das irgendwie bekannt vor? Auch wenn ich wirklich gerne im Deutschland des 21. Jahrhunderts lebe, fürchte ich doch, dass in unserer Gesellschaft das Angstuniversum vorherrscht. Interessanterweise wird zur Erklärung der Krise der Kirchen häufig angeführt, dass die Menschen einfach keine Lust mehr auf diese angstbetonte Religion haben und sich davon befreien möchten. Aber die Angst ist immer noch da und treibt ihre Blüten. Die Bedeutung der Religion mag in den letzten Jahrzehnten stark abgenommen haben, die Wirkung der Angst ist noch immer höchst präsent. Wir sprechen vielleicht nicht mehr von Gott, aber wenn man einmal genau hinschaut, welcher Autorität die Menschen unbewusst folgen, dann zeigt sich: einem Gott der Angst.

Trotzdem hat der Gott der Liebe noch nicht ausgespielt und das wird auch nie geschehen. Denn egal, wie mächtig die Angst ist und wie viel menschliches Handeln sie bestimmt, die Liebe ist dennoch stärker. Jeder Mensch, der die Angst zu seinem Gott gemacht hat, sehnt sich nach einem Gott der Liebe, ob bewusst oder unbewusst. Sich in den Fängen der Angst zu erleben, fühlt sich falsch an, und Menschen in der Angst suchen immer einen Ausweg. Dass zurzeit so viele Menschen eine Therapie machen möchten, ist für mich ein gutes Zeichen. Denn es spiegelt wider, dass sehr viele Menschen einfach nicht mehr so weitermachen wollen wie bisher. Dass sie spüren, dass irgendetwas in ihrem Leben schiefläuft. Ich glaube allerdings nicht, dass die Situation dadurch zu glätten ist, dass immer mehr Therapeuten zugelassen werden. Denn in vielen Fällen sind die »Krankheiten«, die die Patientinnen mitbringen, darauf zurückzuführen, dass sie verzweifelt versuchen, in einer Gesellschaft zu funktionieren, die ihren tief menschlichen Bedürfnissen nach Nähe und Geborgenheit, nach Verbundenheit und Menschlichkeit nicht Rechnung trägt. Das bedeutet dann aber, dass nicht diese Menschen krank sind, sondern die gesellschaftliche Umgebung.

Ich glaube, dass es unabdingbar ist, dass wir diese Umgebungsbedingungen ändern. Meiner Ansicht nach könnten die Kirchen dabei eine wichtige Rolle spielen, denn sie sind trotz allem immer noch sehr große und einflussreiche Institutionen. Dafür müssten sie sich konsequent von einer Religion der Angst abwenden, die Menschen manipuliert und Macht missbraucht. Sie müssten sich wieder den ursprünglichen Lehren des Christentums zuwenden. Wie es überhaupt möglich war, auf der Grundlage der Lehren von Jesus Christus ein solches System von Macht und Angst aufzubauen, ist mir ein Rätsel.

Aber auch in den Kirchen lebt der Gott der Liebe noch irgendwo, und wenn diesem Gott konsequent die oberste Autorität zugestanden wird, verändert sich die Rolle der Kirchen und ihr Einfluss wird wieder segensreich. Meine Erfahrung ist: Die Menschen wollen einen Gott und sie wollen durchaus auch Institutionen, die ihnen Raum für Gottesbegegnungen jenseits des Alltags bieten. Aber sie wollen keinem Gott der Angst mehr folgen und das ist gut so.

Es ist keine Lösung, der Religion den Rücken zu kehren und das Wort »Gott« nicht mehr zu verwenden, um den Gott der Angst unwirksam zu machen. Im Leben sehr vieler Menschen, vermutlich weltweit, ist der Gott der Angst immer noch die höchste Autorität, der sie im Leben folgen, völlig unabhängig davon, welcher Religion sie angehören oder auch nicht. Diese Menschen können sich nicht als Mensch unter Menschen erleben und sich infolgedessen kaum jemals wirklich entspannen.

Wenn die Angst regiert, wird der Organismus immer wieder in den Überlebensmodus schalten, möglicherweise sogar dauerhaft darin verharren. Das bedeutet, dass die Menschen dissoziieren, also ihre Gefühle abspalten. Und dann sind sie zur Grausamkeit fähig. Jeder Mensch, egal, wie liebevoll oder freundlich er oder sie normalerweise ist, ist im Zustand der Gefühlsabspaltung zur Grausamkeit fähig. Das heißt nicht, dass Abspaltung zwangsläufig zur Grausamkeit führt. Wenn das so wäre, wäre die Welt ein noch gewalttätigerer Ort, als sie es sowieso schon ist. Aber unser menschliches Mitgefühl verschwindet, wenn der Organismus sich auf Überleben programmiert. Dann muss der Verstand uns sagen, dass Grausamkeit falsch ist, und der Verstand kann viele Rechtfertigungen für grausames Verhalten finden.

Dauerhaft und zuverlässig wird nur unser menschliches Mitgefühl dafür sorgen, dass wir liebevoll und freundlich zueinander sind. Insofern wird jede Gesellschaft, in der Menschen gut zusammenleben wollen, dafür sorgen müssen, dass ihre Mitglieder wenig Grund zur längerfristigen Dissoziation haben. Und das kann nur gelingen, wenn die Menschen in dieser Gesellschaft wissen, dass sie bedingungslos geliebt, gemeint, gewollt sind, im günstigsten Fall von einer Macht, die weit über sie selbst hinausweist. Und wenn die grundlegende Menschlichkeit, die uns alle vereint, zum wesentlichsten Element unserer Identität wird.

Der Baum unserer Identität mag viele Äste haben, in denen wir uns voneinander unterscheiden, die gemeinsame Wurzel ist und bleibt unsere Menschlichkeit, in der wir alle miteinander verbunden sind. Menschen, die sich verbunden fühlen, werden einander nichts antun. Wenn ich mein Gegenüber liebe oder zumindest als einen Menschen, wie ich einer bin, achte, dann werde ich liebevoll und freundlich sein *wollen*. Ich bin dann liebevoll, weil ich Liebe *bin*, und nicht: Ich bin freundlich, weil ich Angst habe, sonst nicht mehr geliebt zu werden.

Damit unser Leben hier auf Erden lebenswert bleibt oder wird, müssen wir nicht Verzicht üben und uns zusammenreißen. Wir müssen nicht vernünftig sein. Wir sind hier, um zu lieben. Und nichts ist einfacher als das, wenn wir uns bedingungslos geliebt wissen. Ein Mensch, der liebt, und zwar bedingungslos, ist immer ein guter Mensch. Vielleicht ist er oder sie nicht immer einverstanden mit dem Verhalten anderer und wird dies gegebenenfalls auch deutlich äußern. Lieblosigkeit, auch die eigene, kann ein solcher Mensch niemals tolerieren. Aber das heißt nicht, mit der Lieblosigkeit auch den Menschen anzuprangern und diesen herabzuwürdigen. Es muss möglich sein, sich sehr klar gegenüber Lieblosigkeit abzugrenzen und dennoch Respekt vor dem Menschen zu wahren, der diese Lieblosigkeit an den Tag legt. Auch wenn man selbst dieser Mensch ist.

Ausnahmslos jeder Mensch kann Zugang finden zur bedingungslosen Liebe. Wenn dieses Buch einen Beitrag dazu leistet, dass immer mehr Menschen die Angst abwählen und sich der Liebe anvertrauen, haben wir als Gesellschaft viel gewonnen.

Gesellschaften bestehen aus einzelnen Menschen und die Veränderung jedes Einzelnen spielt eine Rolle. Wir sind es, die diese Gesellschaft zu dem machen, was sie ist. Liebevoll oder von Angst getrieben. Welche Wahl ich treffe, ist deutlich geworden. Welche Wahl treffen Sie?

ZUM GUTEN SCHLUSS

Zum Ende des Buches möchte ich jetzt Sie, liebe Leserin, lieber Leser, noch einmal ganz persönlich ansprechen. Vermutlich kenne ich Sie nicht, aber dennoch weiß ich: Sie sind wunderbar! Sie haben unendlich viel zu geben und es ist schön, dass Sie geboren sind. Sie sind ein Funken dieser unendlichen Liebe, die uns alle verbindet und für immer hält und trägt. Ganz sicher haben Sie in Ihrem Leben Fehler gemacht, sich von der Angst leiten lassen. Sie waren, ob bewusst oder unbewusst, anderen Menschen gegenüber lieblos, ohne Mitgefühl und Verständnis, unter Umständen sogar grausam. Sie sind sich selbst nicht gerecht geworden und haben sich schlecht behandelt. Das war so und das wird auch immer wieder so sein. Aber wenn Sie es zulassen, kann es ab heute für Sie zur Gewissheit werden: Sie können nicht aus der bedingungslosen Liebe herausfallen, ganz egal, wer Sie sind oder was Sie tun. Diese Liebe bleibt für immer die Kraft, die Sie durch das Leben trägt. Sie verdienen Sie nicht, Sie haben Sie einfach. Das heißt auch: **Sie haben in sich einen unzerstörbaren Kern, der nicht verwundet werden kann, was auch immer geschieht.** Sie können sich jetzt erlauben, Ihre Verletzlichkeit zu fühlen und anderen zu zeigen. Denn in der Tiefe bleiben Sie heil und vollkommen unschuldig. Je deutlicher Sie das wahrnehmen, desto mehr können Sie erkennen, welche Verantwortung Sie im Leben tragen. Eine Verantwortung, die aus der Liebe erwächst, die direkt aus dem Herzen kommt. Die Liebe erwartet von Ihnen, dass Sie sich selbst und anderen gegenüber liebevoll und mitfühlend sind. Wenn es Ihnen nicht gelingt, wendet sie sich dennoch nicht ab und verurteilt Sie nicht. Die Liebe will, dass Sie sich wieder auf sie zubewegen, egal, wie oft Sie sich von ihr entfernen. Sie gibt Ihnen die Kraft dazu. Auch die Kraft, Ihr Herz immer wieder zu öffnen, selbst wenn Ihnen Fürchterliches angetan worden ist. Ihre Seele bleibt für immer unschuldig und dennoch sind Sie für alles, was Sie tun, verantwortlich. Opfer geworden zu sein, heißt nicht, dass Sie keine Liebe mehr zu geben haben.

Wir alle haben Angst. Jeden Tag. Das ist Teil unserer so rätselhaften menschlichen Existenz. Und wir alle können lieben. Aber Angst und Liebe sind keine Gegenpole. Gegenpole lassen einander wachsen; wenn der eine größer wird, wächst auch der andere. Das ist bei der Angst und der Liebe nicht der Fall. Die Liebe löst die Angst auf. Die Angst ist nicht die dunkle Seite und die Liebe die helle. In der Liebe sind die Dunkelheit und das Licht wunderbare Gegenpole des Lebens. In der Angst wird das Dunkel bedrohlich und das Licht erbarmungslos. Die Liebe liebt die Dunkelheit in Ihnen genauso wie das Licht.

Lassen Sie Ihre dunkle Seite ebenso leben wie die helle, dann wird es Ihnen wohl ergehen.

Und machen Sie sich klar: Sie können sich wertlos *fühlen,* unverbunden, isoliert, sinnlos, ungeliebt. Aber Sie können all das niemals *sein!* Ein Kind kennt diesen Unterschied nicht. Es weiß nicht, dass das, was es wahrnimmt, ein **Gefühl** ist und **keine Tatsache.** Wäre es möglich, dass Sie tatsächlich wertlos und ungeliebt *sind,* dann wäre das ohne

Zweifel vernichtend. Aber das ist nicht möglich. Sie fühlen sich manchmal so und das ist völlig normal. Aber es ist nur ein Gefühl, und was Sie damit tun können, haben Sie jetzt gelernt. Sie können dem jetzt einfach Raum geben, sich diesen Gefühlen zuwenden, ihnen Liebe und Mitgefühl spenden. Dann lösen sie sich langsam auf.

Lassen Sie nicht mehr zu, dass diese alten Gefühle von Wertlosigkeit und Isolation Ihren Alltag und Ihre Handlungen bestimmen, denn daraus gespeist können Handlungen niemals segensreich sein. Im besten Fall schaden sie nicht allzu sehr.

Wenn Sie in der Liebe bleiben und sich von ihr durch Ihr Leben leiten lassen, dann werden Sie immer noch Leid und Schmerz erleben. Aber Sie werden sich nicht mehr gequält fühlen. Sie kennen jetzt den Weg aus den Qualen, die zwangsläufig entstehen, wenn Sie der Angst die Oberhand in Ihrem Leben überlassen. Und wenn man diesen Weg kennt, dann gilt: Leid und Schmerz sind unvermeidlich, Qual ist freiwillig.

Ich weiß, dass Sie ein Segen sind, und ich wünsche mir, dass Sie das spätestens jetzt auch wissen. Leben Sie in dieser Gewissheit, dann wird sich Ihr Leben wunderbar und wertvoll anfühlen, geschehe, was da wolle.

Ich wünsche Ihnen von Herzen alles Gute

Ihre Uta Kronshage

DANKSAGUNG

Dieses Buch ist das (vorläufige) Ergebnis meiner langen Reise von der Angst in die Liebe. Sie wurde begleitet von vielen wunderbaren Menschen, ohne die ich heute nicht die wäre, die ich bin. Ich kann sie unmöglich alle nennen, aber ein paar möchte ich dennoch hervorheben.

In erster Linie danke ich natürlich meinen Eltern und meiner großen Familie, insbesondere meiner Schwester Birgit. Für mittlerweile mehr als 35 Jahre Unterstützung, Anregung, Lachen, Weinen und literweise Teetrinken danke ich Gertrud, Sigrid, Jutta und Birgit E. Und Friederike, die im Himmel auf uns wartet. Was hätte ich all die Jahre ohne euch gemacht!

Viele meiner Patientinnen und Patienten habe mir ihr Vertrauen geschenkt, sind mit mir weite Wege gegangen, und wir haben zusammen die Liebe gesucht und oft genug auch gefunden. Ihnen allen habe ich zu danken, ganz besonders Rainer R.

Seit 17 Jahren begleitet mich nun schon mit Geduld, Humor und unerschütterlicher Zuverlässigkeit mein Mann Claus Rösemann. Dafür kann kein Dank groß genug sein.

Ein besonderer Dank geht an Margot Käßmann, die den Kontakt zu ihrem Verleger Stefan Wiesner hergestellt hat. Auch ihm gebührt mein herzlicher Dank dafür, dass er sich meines Textes angenommen und ein so schönes Buch daraus gemacht hat.

Danke an Gott, an die bedingungslose Liebe selbst, an alles, was uns hält und trägt. Danke dem Leben!

ANHANG A

Bekenntnis zur Liebe

Hiermit bekenne ich mich ohne Wenn und Aber hundertprozentig dazu, der Stimme der Liebe die größte Autorität in meinem Leben einzuräumen, ihr zu folgen und mein Denken und Handeln nach ihr auszurichten.

Die Stimme der Angst und des Urteils, die mich bisher häufig bestimmt hat, werde ich nicht bekämpfen, sondern in den Arm nehmen und beruhigen, aber ich werde ihr keine Macht mehr über mich einräumen.

Zur Unterscheidung gilt es, einfach nur auf meine Gefühle zu achten:

Ich fühle mich: eng, geschwächt, angespannt, der Gedanke an die Zukunft erschreckt mich, erstarrt, leblos, einsam, ausgeliefert, schwach, unbedeutend, misstrauisch, neidisch
(= Angst/Urteil)

Ich fühle mich: weich, froh, frei, zuversichtlich, kraftvoll, mutig, neugierig, lebendig, friedlich, verbunden, einzigartig, geborgen, vertrauensvoll, großzügig
(= bedingungslose Liebe)

Wenn ich merke, dass ich der Angst und dem Urteil wieder Macht über mich gegeben habe, nehme ich mich liebevoll in den Arm und gebe mir dafür Verständnis und Mitgefühl:

»Ich weiß, du hast Angst und glaubst, dich verurteilen zu müssen, ich weiß und ich verstehe. Ich weiß, früher bist du der Angst gefolgt, damit du wenigstens ein bisschen ein Gefühl von Kontrolle hattest. Das ist jetzt aber nicht mehr nötig. Die bedingungslose Liebe ist jetzt da, sie bleibt bei dir, an deiner Seite, bis du wieder da bist, wo du hingehörst, ganz in Liebe und Zuversicht geborgen.«

Ich werde nicht mehr zulassen, dass die Angst und die Verurteilung ohne die Liebe zurechtkommen muss. Ich lasse das ängstliche, sich ablehnende kleine Kind nicht mehr im Stich. Es bekommt alle Liebe, alle Kraft und alle Zuversicht durch die bedingungslose Liebe, so lange, bis wieder alles gut ist. Mein ganzes Sein richte ich darauf aus, mich ganz und gar in den Armen der Liebe zu halten und der Angst und dem Urteilen nur noch mit Liebe zu begegnen.

Lesen Sie diesen Text regelmäßig laut. Ergänzen Sie gegebenenfalls eigene Adjektive, die Sie mit dem Gefühl der Liebe bzw. dem Gefühl der Angst verbinden.

ANHANG B

PARASYMPATHIKUS	**SYMPATHIKUS**
Yin	**Yang**
dunkel	hell
weiblich, mütterlich	männlich, väterlich
Urgrund	Manifestation
Wasser	Feuer
tiefster Punkt	höchster Punkt
Leere	Fülle
bedingungslose Liebe	bedingte Liebe
wertfrei	Wert schaffend
leise	laut
Chaos	Ordnung
Gefühle	Verstand
Intuition	Logik
Spiel	Leistung
langsam	schnell
innen	außen
zeitlos	in der Zeit
andauernd	flüchtig

Sicherheit	Wachstum
Geborgenheit	Abenteuer
Entspannung	Anspannung
Unschuld	Verantwortung
empfangend	gestaltend
gewährend	fordernd
abwartend	handelnd
zuhören	sprechen
zart, sensibel	kraftvoll, robust
passiv	aktiv
betrachtend	bewertend
annehmen	führen
religiös	politisch
Kollektiv	Individuum
natürlich	technisch
Assoziation	Dissoziation
ausatmen	einatmen
Herzfrequenz/Blutdruck senkend	Herzfrequenz/Blutdruck steigernd
heilen	überleben

LITERATUREMPFEHLUNGEN

Es gibt viele, viele Bücher, die mir auf meinem Weg weitergeholfen haben, ein paar davon möchte ich Ihnen besonders ans Herz legen:

Brené Brown: »Verletzlichkeit macht stark«, Goldmann, 2017

Sandra Hintringer: »Der Vagusnerv. Unser innerer Therapeut.«, Irisiana, 2021

Anita Moorjani: »Heilung im Licht«, Goldmann, 2015

Safi Nidiaye: »Herz öffnen statt Kopf zerbrechen«, Ullstein, 2005

Richard Rohr: »Alles trägt den einen Namen«, Gütersloher Verlagshaus, 2019

Neal Donald Walsh: »Gespräche mit Gott«, Arkana, 2009

VITA

Dr. Uta Kronshage, Jahrgang 1965, Studium der Psychologie in Göttingen. Nach der Promotion über chronische Rückenschmerzen und Weiterbildungen in Verhaltenstherapie und klinischer Hypnose seit 2002 in Hannover in eigener Praxis tätig. Schwerpunkt ist die Behandlung von Menschen mit chronischen Schmerzen. »In meiner Arbeit lege ich besonderen Wert auf die Erforschung der Möglichkeiten von Heilung, die jeder Mensch hat, ganz egal, was im Leben passiert sein mag.«

Besuchen Sie uns im Internet:
www.bene-verlag.de

Aus Verantwortung für die Umwelt hat sich die Verlagsgruppe Droemer Knaur zu einer nachhaltigen Buchproduktion verpflichtet. Der bewusste Umgang mit unseren Ressourcen, der Schutz unseres Klimas und der Natur gehören zu unseren obersten Unternehmenszielen. Gemeinsam mit unseren Partnern und Lieferanten setzen wir uns für eine klimaneutrale Buchproduktion ein, die den Erwerb von Klimazertifikaten zur Kompensation des CO_2-Ausstoßes einschließt. Weitere Informationen finden Sie unter: www.klimaneutralerverlag.de

Originalausgabe April 2023

Ein Imprint der Verlagsgruppe
Droemer Knaur GmbH & Co. KG, München.

Lektorat: Stefanie Ramsperger, Stefan Wiesner
Covergestaltung: Maike Michel
Coverabbildung: KieferPix / Shutterstock.com
Druck und Bindung: GGP Media GmbH, Pößneck
ISBN 978-3-96340-234-0

5 4 3 2 1